_____ 님의 소중한 미래를 위해
이 책을 드립니다.

엄마가 말투를 바꾸면
아이는 행복해집니다

아이의 행복을 위한 엄마의 말하기 수업

엄마가 말투를 바꾸면
아이는 행복해집니다

박미진 지음

메이트북스

메이트북스 우리는 책이 독자를 위한 것임을 잊지 않는다.
우리는 독자의 꿈을 사랑하고,
그 꿈이 실현될 수 있는 도구를 세상에 내놓는다.

엄마가 말투를 바꾸면 아이는 행복해집니다

초판 1쇄 발행 2019년 8월 9일 | 초판 2쇄 발행 2019년 10월 5일 | **지은이** 박미진
펴낸곳 ㈜원앤원콘텐츠그룹 | **펴낸이** 강현규 · 정영훈
책임편집 이수민 | **디자인** 최정아
마케팅 이기은 | **홍보** 이선미 · 정채훈 · 정선호
등록번호 제301-2006-001호 | **등록일자** 2013년 5월 24일
주소 04778 서울시 성동구 뚝섬로1길 25 서울숲 한라에코밸리 303호 | **전화** (02)2234-7117
팩스 (02)2234-1086 | **홈페이지** www.matebooks.co.kr | **이메일** khg0109@hanmail.net
값 15,000원 | **ISBN** 979-11-6002-246-9 03370

이 도서의 국립중앙도서관 출판시도서목록(CIP)은 e-CIP홈페이지(http://www.nl.go.kr/ecip)에서
이용하실 수 있습니다.(CIP제어번호 : CIP2019028657)

교육은 어머니의 무릎에서 시작되고,
유년기에 들은 모든 언어가 성격을 형성한다.

• 아이작 바로우(Isaac Barrow) •

모든 부모는
여행자다

맙소사! 길을 잃었다. 구글맵마저도 현재 위치를 잡지 못하고 GPS 신호가 잡히지 않는다는 안내만 나온다. 당황스러움과 황당함을 동시에 느끼며 고개를 들다가 바라본 하늘의 너비가 기껏 한 뼘이다. '아, 맞아. 여기 베니스지!'

상업 지구를 벗어난 베니스의 골목 안쪽 길은 누군가 마주 오면 어깨를 살짝 돌려줘야 할 만큼 좁다. 그 좁은 골목길을 사이에 두고 4층 높이의 오래된 벽돌 건물들이 빼곡하다. 올려다 보이는 하늘마저 좁디좁아서 GPS위성의 신호가 닿지 않는 것이 곧장 수긍이 된다.

당신만의 고민이 아니다. 대화의 기술을 익히지 못한 많은 부모의 때늦은 고민이다. '늦었다고 생각할 때가 가장 빠른 때'라는 속담처럼 이제라도 기술습득을 위해 노력해야 한다.

둘째, 두려움과 행복을 동시에 느낀다는 점이다. 언어조차 통하지 않는 낯선 곳에 툭 떨어진 여행자는 본능적으로 움츠려들 수밖에 없지만 그 두려움조차 두근거림으로 다가오는 것이 여행이라면 부모가 된다는 것도 마찬가지다. 아이의 손을 잡고 생전 처음 걸어보는 길을 걸어야 하니 종종 두려움에 빠진다. 그럼에도 불구하고 또한 부모여서 행복하다. 부모여서 힘이 난다. 부모이기에 어떤 일이든 당당하게 맞설 수 있다.

"자네들이 있어서 잘 살았고, 자네들이 있어서 열심히 살았네."

몇 년 전 신문에 실린, 70대 노모가 자식들에게 남겼다는 유서의 한 구절이다.

셋째, 내가 베니스에서 그랬듯이 종종 길을 잃고 헤맨다. 아이들은 늘 새로운 문제를 만들어내며 부모를 시험에 들게 하고, 주변 상황은 부모의 교육관을 흔들어대기 일쑤다.

"아이가 이상해졌어요. 벌써 사춘기인 걸까요?"

답답한 마음에 여기저기 물어보고 정보도 찾아보게 되지만 내 아이에게 딱 맞는 해답이 없을 때가 많다. GPS신호가 사라진 듯한 막막함이 두려움으로 변한다. 당장 해결책을 찾지 못하면 아이가 잘못될 것만 같은 조급증에 세상이 빙글빙글 돌고 속이 울렁거린다. 이때는 차라리 당신의 방향 감각과 직관을 믿는 것이 더 낫다. 아이가 가진 성장의 힘을 믿는 것이 더 옳다.

모든 여행자는 여행을 떠나기 전에 책과 인터넷을 통해 정보를 찾아보게 되고 그것을 바탕으로 자신만의 여행계획을 짜기 마련이다. 자녀를 키우는 일도 마찬가지다. 자녀를 좀더 잘 양육하기 위해서, 아이와의 인생 동행길을 멋진 여행으로 만들기 위해서 부모라면 누구나 다양한 정보를 접하기 위해 노력한다.

물론 모든 아이는 유일무이하고, 모든 부모자식 관계는 그 관계의 숫자만큼이나 특수하다 보니 '이것이 정답이다!'라고 확언할 수 있는 것은 없다. 그럼에도 이 책은 아이와 인생이라는 여행길에 오른 모든 부모에게 좋은 '참고'가 될 것임을 믿는다.

어떤 부모도 완벽한 부모는 없다. 마찬가지로 어떤 아이도 완벽한 아이는 없다. 완벽할 수 없음은 우리 모두의 숙명이다. 완벽하지 않아도 세상은 아름답고, 여행은 충만하다. 완벽하지 않아도 부모의 사랑은 숭고하고, 내 아이의 성장은 눈부시다.

지금 이 글을 쓰는 곳이 마침 조앤 롤링Joan Rowling이 해리포터 시리즈를 쓴 애든버러다. 그녀는 하버드 대학교 졸업식 축사에서 우리 모두가 가진 마법의 힘에 대해 이렇게 이야기했다.

"세상을 바꾸는 데 마법은 필요 없습니다. 우리 내면에 이미 그 힘이 존재합니다. 우리는 더 나은 세상을 상상할 수 있는 힘이 있습니다. We do not need magic to change the world, we carry all the power we need inside ourselves already, we have the power to imagine better."

아이들의 성장에도 마법은 필요하지 않다. 이 세상의 모든 부모는 이미 좋은 부모의 힘을 지니고 있다. 바로 내 아이의 멋진 미래를 상상하는 힘이다.

박미진

엄마가 던져야 하는 두 개의 질문,
WHAT & HOW

'아' 다르고 '어' 다르다고 했다. 같은 내용의 이야기라도 말에 따라 다르다는 우리나라 속담이다. 이렇게 말도 중요하지만 말투 또한 그 이상으로 중요하다. 엄마가 말투만 바꿔도 아이의 자율성, 자기긍정, 자존감, 회복탄력성, 공부력이 쑥쑥 커진다.

"그렇게 공부를 안 해서 나중에 뭐가 되려고 그래?"

"말도 안 되는 소리 그만하고 엄마가 시키는 일이나 잘 해!"

"내가 너 때문에 얼마나 힘든지 아니?"

아이에게 상처를 주기 위해 작심하고 이렇게 말하는 엄마는 없다. 자극을 통해 아이의 잘못된 행동을 바로잡고, 아이를 올바르고 훌륭한 사람으로 키우고자 하는 엄마의 진심이 밑바탕에 깔려 있다. 그러나 이런 말로는 아이를 바꿀 수 없다.

어떻게 해야 엄마의 진심을 제대로 전하고 아이를 변화시킬 수 있을지 고민하고 있다면 전달 방법, 즉 말투를 바꿔볼 것을 권한다. 엄마가 말투만 바꾸어도 아이는 달라진다.

WHAT - 내가 원하는 것은 무엇인가?

말투를 바꾸기 위해서 부모가 스스로에게 던져봐야 하는 질문이 있다. 첫 번째는 WHAT, 즉 '내가 원하는 것이 정확히 무엇인가?' 하는 것이다.

그렇게 공부를 안 해서 나중에 뭐가 될 거냐, 말도 안 되는 소리 그만하고 엄마가 시키는 일이나 잘 해라, 내가 너 때문에 얼마나 힘든지 아느냐 등의 이런 말을 할 때 엄마의 목적은 무엇일까?

'학창 시절에는 네가 스스로 열심히 공부해서 성취감과 자부심을 맛보고, 학교를 졸업한 뒤에는 좋은 곳에 취직하거나 남부럽지 않은 직업을 가져서 편안하고 행복하게 살기를 바라.'

'네가 이성적으로 사고하고 판단해서 자기 일을 스스로 알아서 하는 멋진 아이로 성장하기를 간절히 원해.'

'엄마가 좀 힘든데, 네가 엄마를 조금만 도와주면 좋겠어.'

엄마의 진심은 분명 이런 뜻일 것이다. 그런데 아이에게 화가 나면 이런 목적은 온데간데없다. 때로는 방법이 틀려 아이와의 대화가 어긋나기도 한다.

나는 '바담 풍'이라고 말해도 아이는 '바람 풍'으로 알아듣지 않을까 하는 기대는 접어라. 그리고 아이를 훈육하고 대화를 나누고자 했던 원래의 목적에 충실하자.

HOW - 목적을 이루는 방법은 무엇일까?

내가 원하는 것이 무엇인지, 목적을 정확히 했다면 그 다음에는 두 번째 질문, 'HOW'를 던지면 된다.

'어떻게 해야 아이를 올바로 훈육할 수 있을까?'

‘어떻게 해야 아이와 따뜻한 교감을 나누면서 대화할 수 있을까?’

‘어떻게 해야 아이가 멋진 사람으로 성장할 수 있도록 도울 수 있을까?’

아이에게 잔소리를 하고 윽박지르고 화를 내며 상처를 준다고 목적을 이룰 수 있을까? 답은 ‘결코 아니다’이다.

잔소리는 말 그대로 잔소리일 뿐이다. 아이의 귓전에 다다르지 못하고 그냥 흩어져 버린다. 아이에게 윽박지르는 것도 마찬가지다. 당장은 효과가 있는 것 같아도 오래가지 못한다. 아이의 자율성과 자존감만 훼손될 뿐이다. 더욱이 아이는 상처입지 않기 위해 방어적이 될 수밖에 없다. 엄마가 아이에게 정작 하고 싶었던 말은 아이가 세운 자기 방어라는 방패에 막혀 무용지물이 된다. 이때 필요한 것이 HOW다.

"원하는 것을 이루기 위해 어떻게 해야 할까? 어떤 방법이 좋을까?" 이 책에 그 '방법'을 담았다.

말은 힘이 세다. 말투는 '더' 힘이 세다

옛말에 같은 말도 '아' 다르고 '어' 다르다고 했다. 말 그 자체도 중요하지만 말투 또한 그만큼 중요하다는 이야기다. 말로 인해 문제가 생기는 경우를 보면 말 그 자체보다는 '말투' 때문인 경우가 더 많다.

A 수술 후 살아날 확률이 90%입니다.

B 수술 후 죽을 확률이 10%입니다.

A의 말과 B의 말은 똑같은 뜻이다. 그러나 환자의 선택은 달라진다. B의 말을 들었을 때 수술을 거부할 확률이 확 올라간다. 단지 말투만 살짝 바꿨을 뿐인데도 받아들이는 입장에서는 이처럼 차이가 크다.

엄마의 말투가 가진 힘도 마찬가지다. 말투 하나만 바꿔도 아이의 자율성, 자기긍정, 자존감, 회복탄력성은 물론이고 공부력이 쑥쑥 커가는 행복한 기적을 마주하게 된다.

차례

1장

엄마의 말투를 바꾸려면, 어떻게 해야 할까?

2장

잔소리가 훈육이 되려면, 어떻게 말해야 할까?

엄마의 말투를 바꾸려면,
어떻게 해야 할까?

Preview Summary

'생각에 주목하라. 그것이 곧 너의 말이 된다. 말을 주의하라. 그것이 곧 너의 행동이 된다.'
『탈무드』에 나오는 말이다. 부모의 생각이 말투의 한 끗 차이를 만들고 아이의 행동을 이끈다.

"언제나 너를 사랑하지만, 그런 행동은 싫어!"

"그런 행동은 싫지만, 언제나 너를 사랑해!"

어느 말이 더 듣기 좋은가? 앞뒤 문장만 바뀌었을 뿐이지만 받아들이는 입장에서는 느낌이 확연히 다르다. 두 문장 중에서 두 번째 말이 더 듣기 좋은 말투다. 첫 번째 말은 '싫어'에, 두 번째 말은 '사랑해'에 초점이 가기 때문이다.

말투란 이처럼 한 끗 차이일 뿐이지만, 아이에게 미치는 파장은 결코 한 끗이 아니다. 그렇다면 말투의 차이는 어디에서 오는 걸까? 단지 내가 말투의 기술을 익히지 못해서일까?

생각과 말의 방정식

물을 마시려다 유리컵을 떨어뜨려 와장창 깨트린 아이에게 엄마가 말했다.

엄마 1 왜 그랬어?

엄마 2 어쩌다 그랬어?

어느 쪽 질문을 받은 아이가 더 마음이 편안할까? 몸짓언어와 목소리 등의 부가적인 요소는 무시하고 말투 자체만 놓고 본다면 '왜'라는 말에는 질책이, '어쩌다'라는 말에는 질문이 담겨 있다. 자신의 아이를 말썽쟁이로 생각하는 엄마 입에서는 '왜'라는 말이, 차분한 아이라고 생각하는 엄마는 '어쩌다'라는 말이 자신도 모르게 튀어나올 가능성이 높다.

"물이 반이나 남았네."

"물이 반밖에 안 남았네."

많이 들어본 비유일 것이다. 똑같은 상황을 두고 이처럼 해석이 다른 이유는 '생각'의 차이 때문이다. 세상에 대해 누군가는 긍정적인 생각을, 다른 누군가는 부정적인 생각을 갖고 있는 것이다. 그래서 『탈무드』에서는 "생각에 주목하라. 그것이 곧 너의 말이 된다. 말을 주의하라. 그것이 곧 너의 행동이 된다"라고 했다.

언어는 사고를 담는 그릇이다. 사람은 생각을 바탕으로 언어를 창조하고, 언어를 통해 자신의 의사를 다른 사람에게 전달한다. 즉 말은 생각과 느낌을 표현하는 수단이다. 당연히 엄마가 가진 '생각'에 따라 말투가 달라질 수밖에 없다.

당신은 어떤 생각을 갖고 자녀에게 말하고 있는가?

모든 부모는 좋은 분위기, 좋은 말로 아이와 대화하며 사랑의 마음을 나누고 싶어 한다. 그런데 잘 안 되는 이유는 무엇일까? 아이가 막무가내로 행동하기 때문에 잔소리할 수밖에 없다며 모든 것을 아이의 탓으로만 돌리기에는 석연치 않다. 그런 아이에게도 분명 천사처럼 맑고 천진했던 시기가 있지 않았던가?

모든 책임이 부모에게 있다는 말은 아니다. 하지만 책임이 없다고도 말할 수 없다. 나의 생각이 나의 말이 되고, 나의 말이 결국 내 아이의 행동이 되었을 가능성이 꽤, 아니, 아주 높기 때문이다.

말은 부모가 가진 생각의 일부분일 뿐이다. 빙산에 비유하자면 물 밖에 드러난 작은 조각에 불과하다. 그 아래 수중에는 크기를 알 수 없는 거대한 '생각'이라는 빙산이 있다. 그리고 그 생각이 말투의 한 끗 차이를 만든다.

아이는 엄마가 믿는 대로 자란다

피그말리온 효과

"너는 분명 훌륭하고 똑똑한 사람이 될 거야."

당연한 사실을 믿는 것은 믿음이 아니다. 불가능할지라도 '가능함'을 믿는 것이 믿음이다.
아이가 훌륭한 사람이 되기를 원한다면 이미 훌륭한 사람인 것처럼 대하라.

그림 그리기를 좋아하는 여섯 살짜리 아이 두 명이 있다. 이 나이 대의 아이들이 무언가에 집중할 수 있는 시간은 평균 20분이다. 그러나 두 아이는 그림 그리기를 어찌나 좋아하는지 도화지와 크레파스만 있으면 한두 시간은 꼼짝 않고 앉아 있을 수 있을 정도다. 아직 어리다 보니 그림에 탁월한 재능이 있는지는 알 수 없지만 그림을 그릴 때의 표정을 보면 꼬마 피카소가 따로 없다. 그림 그리기에 한 번 빠져들면 주위에서 아무리 떠들어도 듣지 못하고 엄마가 불러도 못 듣는 경우가 허다하다. 그런데 비슷한 두 아이의 행동에 대해 각각의 엄마들이 내린 판단은 확연히 달랐다.

엄마1〉 어라, 쟤 좀 봐. 집중력이 꽤 뛰어난걸!

엄마2〉 어라, 저 녀석 봐라! 여섯 살밖에 안 된 게 벌써부터 엄마 말을 무시하네.

10년 후, 두 아이는 어떤 청소년으로 자라 있을까?

믿음은 조각상도 숨 쉬게 한다

미의 여신인 아프로디테가 태어난 섬, 키프로스에 젊은 조각가가 살고 있었다. 이 조각가는 어느 날 아름다운 여인상을 완성했는데, 얼마나 아름다웠던지 자신의 작품인데도 그만 그 여인상을 사랑하게 되었다.

조각가는 이 차갑고 딱딱한 여인상을 정말 살아 있는 여인처럼 대했다. 조각상에게 사랑의 밀어를 속삭이고 목걸이와 반지 같은 선물을 주기도 했으며, 심지어 서 있는 것이 힘들까봐 침대에 눕히고 베개를 받쳐주기까지 했다.

조각가의 사랑과 정성은 결국 신을 감동시키기에 이르렀다. 아프로디테 여신이 조각상에게 생명을 불어넣어 살아 있는 여인으로 만들어주었던 것이다.

이 신화의 조각가 이름은 피그말리온이다. 그리고 '피그말리온 효과'라고 부르는 현상의 주인공이기도 하다. 타인의 믿음이나 기대로 인해 능률이 오르거나 결과가 좋아지는 현상이 바로 피그말리온 효과다.

"당연히 저도 제 아이가 훌륭하고 똑똑한 사람으로 자라날 거라고 믿어요."

엄마라면 당연히 이렇게 말할 것이다. 문제는 이 말 뒤에 꼭 '그러나' 또는 '하지만' 같은 접속사가 붙는다는 것이다.

"하지만 될성부른 나무는 떡잎부터 다르다고 하는데, 아이가 자꾸만 나를 실망시켜요."
"그러나 성적 받아오는 걸 보면 그런 믿음이 와장창 깨진다니까요!"

이미 이루어진 것처럼 아이를 대하라

피그말리온 신화에서 핵심은 두 가지다. 첫 번째는 피그말리온이 조각상을 진정으로 사랑했다는 것이다. '조각상을 사랑하다니, 내가 제정신이 아닌 걸까?' 하는 자기의심이나 '이 여인상이 정말 인간이라면 내가 진심으로 사랑해줄 텐데' 하는 안타까움 등의 잡음이 끼어들 틈이 없다.

두 번째로 피그말리온은 조각상을 정말로 살아 있는 여인처럼 대했다는 것이다. 사랑하는 여인에게 하듯이 사랑의 밀어를 속삭이고 선물을 하며 조각상을 공감하고 배려했다.

당연히 믿을 수밖에 없는 것을 믿는 것은 믿음이 아니다. 피그말리온이 조각상을 사랑했듯이, 불가능할지라도 '가능함'을 믿는 것이 진정한 믿음이다.

아이가 훌륭한 사람이 되기를 원한다면 이미 훌륭한 사람인 것처럼 대하라. 아이가 똑똑한 사람이 되기를 원한다면 이미 아이가 똑똑한 사람인 것처럼 대하라. 이것이 피그말리온의 신화가 전해주는 믿음의 진실이다.

말보다 중요한 '말투'

메라비언의 법칙

"이만큼 성장하다니, 엄마는 정말 기뻐!"

메라비언의 법칙은 언어보다 비언어가 더 중요하다고 말한다. 아이의 첫걸음마에 환호했듯이 아이의 작은 성장에도 항상 진심으로 기뻐하라. 따로 연습하지 않아도 말투가 저절로 바뀐다.

아이의 중간고사 성적이 나오는 날, 엄마는 아이가 집에 도착하기 전에 마음을 다잡는다.

'자녀교육서에서 결과보다는 과정을 칭찬해주어야 한다고 했었지? 이번에는 꼭 성적이 어떻게 나오든 아이가 열심히 노력한 걸 칭찬해야지!'

그럼에도 불구하고 '이번에는 평균이 90점은 넘었겠지?'라고 기대하는 마음까지 내려놓지는 못한다. 평소와는 달리 아이가 이번에는 시험 준비를 제법 열심히 했기 때문이다.

그 날 오후, 아이가 집으로 돌아오자마자 힘차게 엄마를 외쳐 부른다. 목소리가 꽤나 당당하고 우렁차서 엄마의 기대치는 더욱 커진다.

'혹시 만점을 받았나? 하긴, 열심히 했으니 영 가망 없는 일은 아니지!'

엄마가 눈을 빛내며 아이의 얼굴을 쳐다본다.

"엄마, 나 이번에 평균이 5점이나 올랐어. 평균이 86점이야!"

와장창창! 기대가 처참하게 깨지는 소리가 엄마의 마음속에 울려퍼진다. 기운이 쪽 빠졌지만 그래도 자녀교육서에서 읽었던 대로 실천을 하기는 한다.

"으응, 그래. 이번에 열심히 노력하더니, 평균이 올랐구나. 잘했어. 손 씻고 와. 간식 먹자."

간신히 말을 내뱉은 엄마는 냉장고 쪽으로 몸을 튼다.

'어휴. 속 터져 정말. 평균 86점이 뭐야! 저 녀석 혹시 책상 앞에 앉아 공부하는 척만 한 거 아냐? 그래도 내가 과정을 칭찬했으니, 다음에는 더 열심히 하겠지?'

이 상황에서 아이는 어떻게 생각할까?

1. 역시 엄마도 기뻐하는구나! 다음에도 열심히 해서 엄마를 더 기쁘게 해줘야지!

2. 피, 5점 올리기가 얼마나 힘든데! 다시는 공부 하나봐라!

소통에서 말이 차지하는 비중은 겨우 7%

대부분의 사람은 '말'이 가장 중요한 의사소통 도구이며, 말을 할 때 저절로 발화되는 목소리나 표정, 시선, 몸짓, 고갯짓 같은 비언어는 말을 보완해주는 것이라 생각한다. 하지만 '메라비언의 법칙'은 그 반대일지도 모른다고 말한다.

메라비언의 법칙은 미국 UCLA 명예교수인 심리학자, 앨버트 메라비언Albert Mehrabian이 연구해 발표한 이론이다. 이 법칙에 따르면 메시지 전달에서 언어적 요소가 차지하는 비중은 단 7%다. 나머지 93%는 청각적 요소와 시각적 요소 같은 몸짓언어가 차지한다.

좀더 구체적으로는 말로 대표되는 '언어적 요소', 어투 같은 '청각적 요소', 시선이나 표정 같은 '시각적 요소'의 비중이 각각 7:38:55이다.

비율만 놓고 보면 비언어들이 언어의 메시지를 보완하는 것이 아니라, 반대로 언어가 비언어로 전달하기 어려운 부분을 채워주는 것 같지 않은가?

그래서 '입으로는 거짓을 말해도 눈빛은 거짓말을 하지 않는다'는 말이 생겨난 것인지도 모른다. 7%의 언어는 어떻게 감춘다고 해도, 나머지 93%의 몸짓언어까지 완벽하게 숨기기는 쉽지 않기 때문이다.

생각을 바꾸면 말투도 저절로 바뀐다

말은 중요하다. 말 한마디에 바위처럼 꿈쩍도 하지 않던 사람을 멋지게 설득할 수 있고, 꼬이기만 하던 인간관계가 술술 풀릴 수도 있으며, 고래를 춤추게 할 수도 있다. 하지만 그보다 중요한 것은 비언어를 통해 드러나는 '말하는 사람의 생각, 내면의 진실한 마음'이다.

"너는 커서 훌륭한 사람이 될 거야."

"너를 사랑해."

"엄마는 언제나 너를 믿어."

이렇게 백번을 말한다고 해도, 속으로 '커서 뭐가 되려고 저 모양이야?' '저렇게 미운 행동만 하는데 어떻게 사랑해줄 수 있겠어?' '믿게 행동해야 믿어주지!' 하고 생각한다면 아무 소용이 없다. 목소리에서, 시선에서, 몸짓에서 속마음이 드러나기 때문이다.

내 아이가 훌륭한 사람으로 자라기를 바란다면 진심으로 그러함을 믿으라. 아이에 대한 사랑으로 가슴을 충만히 채워라. 아이의 첫걸음마에 환호했던 것처럼 아이의 작은 성장 앞에서 진심으로 기뻐하라. 따로 말투를 연습하지 않아도 저절로 말투가 바뀌게 될 것이다.

몸의 접촉, 시간의 접촉

접촉 위안

"우리 안고 뒹굴기 놀이할까?"

어루만짐은 단순한 접촉이 아니라 위안이자 사랑이다. 아이를 얼마나 사랑하는지 아이에게 알려주는 가장 빠른 방법은 함께 뒹굴고 함께 시간을 보내는 것이다.

"Love is touch, touch is love"

존 레논이 감미로운 목소리로 노래했던 〈Love〉의 한 구절이다. 사랑은 어루만지는 것이고, 어루만지는 것이 곧 사랑이라는 존 레논의 노래는 두말할 것도 없이 진실이다.

사랑함에도 오랫동안 만나지 못했던 두 사람이 다시 극적으로 만났을 때 왜 말보다 먼저 서로를 껴안을까? 프리허그 운동이 왜 전 세계적으로 호응을 얻었을까? 아기들이 바닥에 뉘였을 때보다 엄마 품에서 더 잘 자는 이유는 무엇일까?

그 답은 바로 '접촉 위안'이다.

아이를 더 많이 안아주어야 하는 이유

아이들은 왜 엄마를 맹목적으로 사랑할까? 이전까지 사람들은 아이가 생존하는데 엄마가 필요하기 때문이라고 생각했다. 그러나 위스콘신 대학교의 해리 할로우Harry Harlow가 발표한 '철사엄마, 헝겊엄마' 실험은 이런 보편적인 생각을 완벽히 뒤집었다.

할로우는 철사로 만든 엄마 원숭이 모형의 가슴에는 우유병을 달고 헝겊으로 만든 엄마 원숭이 모형에는 우유병을 달지 않은 채 새끼 원숭이와 함께 있게 했다. 새끼 원숭이가 먹을 것을 주는 철사엄마와 함께 있을지, 부드러운 감촉을 주는 헝겊엄마와 함께 있을지 살펴보는 실험이었다.

결과는 헝겊엄마의 완승이었다. 새끼 원숭이는 배가 고파 우유를 먹어야 할 때 말고는 늘 헝겊엄마 옆에서 시간을 보냈고, 좀더 자라 몸이 커졌을 때는 헝겊엄마에게 몸을 걸친 채 입만 철사엄마의 우유병으로 가져갔다. 큰 소리를 내는 등 공포자극을 주었을 때도 헝겊엄마에게로 달려가 꼭 붙어 있었다.

내 아이를 더 많이 안아주고, 쓰다듬어 주고, 함께 몸으로 뒹굴어야 하는 이유가 바로 여기에 있다. 어루만짐은 단순한 접촉이 아니라 위안이자 사랑인 것이다.

해리 할로우의 실험을 좀더 살펴보자. 그는 새끼 원숭이 두 마리로 다시 실험을 진행했다. 한 마리는 헝겊엄마와 지내도록 하고,

다른 한 마리는 철사엄마와 지내도록 했다. 며칠 후 할로우는 각각의 우리에 새로운 장난감을 넣어주었다.

그 결과, 헝겊엄마와 함께 있던 새끼 원숭이는 호기심을 보이며 장난감에 접근한 반면 철사엄마와 함께 있던 새끼 원숭이는 아무리 재미있는 장난감을 넣어주어도 별다른 반응 없이 차가운 바닥에 웅크려 있기만 했다. 접촉이 지적 호기심 발달에도 영향을 미친 것이다.

발생학 측면에서 보면 피부는 밖으로 드러난 뇌와 유사하다고 한다. 그래서 아기들은 뭐든지 손으로 만져보고 입으로 가져가 빨아보며 세상에 대한 탐구를 시작한다.

몸으로, 시간으로 아이와 접촉하라

요즘 아이들의 하루 일과를 보고 있으면 숨이 찬다. '빨리 일어나라'는 엄마의 잔소리와 함께 아침을 맞은 후부터 자동인형처럼 학교와 학원을 오간다. 학원 스케줄이 여러 개 있는 날에는 저녁마저 편의점에서 혼자 때워야 하고, 집에 와서는 다시 숙제와 공부에 매달려야 한다. 엄마와 안고 뒹구는 것도 시간이 있어야 가능한 일인데, 눈 마주칠 시간조차 없는 것이다.

아이가 점점 무기력해지고 얼굴에서 표정이 사라지고 있지는 않은가? 만약 그렇다면 접촉 위안이 제대로 충족되고 있는지 돌아볼 필요가 있다.

제이슨 헌터Jason Hunter는 '그들이 중요한 사람이란 것을 모든 사람이 알게 하자'라는 어머니의 평소 가르침을 실천하기 위해 프리허그 캠페인을 시작했다고 한다. 그러니 아이에게도 알려주라. 너를 얼마나 사랑하는지, 네가 얼마나 소중한 사람인지. 함께 뒹굴고 함께 시간을 보내며 '몸과 시간'으로 아이와 접촉하는 것이 가장 빠른 방법이다.

엄마의 자리를 양보하지 마라

애착 결핍

"엄마와 아빠는 언제나 네 곁에 있을 거야."

아이에게 또래 친구를 만들어주려고 애쓰기 전에 부모와 아이의 애착관계부터 살펴보라.
또래든 학원이든 그 무엇에도 엄마의 자리를 양보하지 마라. 아이를 품는 것이 우선이다.

평일 아침, 초등학교 앞 카페에 가면 엄마들이 삼삼오오 모여 이야기꽃을 피우는 모습을 쉽게 볼 수 있다. 주로 저학년 자녀를 둔 엄마들이다.

저학년 때는 엄마끼리 친해야 아이들도 친해질 수 있다고 흔히 말한다. 문 닫고 들어가면 층간소음 말고는 이웃의 소식을 알 방법이 없는 아파트 문화 속에서 아이들이 쉽게 친구를 사귈 기회가 없는 것도 사실이다. 상황이 이렇다 보니 워킹맘들은 아이가 친구를 사귀지 못할까봐 걱정을 하기도 한다.

아이에게 있어 또래 친구들과의 교류는 건강하고 바람직한 일이다. 하지만 또래 친구들과의 교류보다 더 먼저 살펴봐야 하는 것이 있다. 바로 부모와의 애착관계다.

부모는 아이들의 언덕이다

인간은 다른 동물에 비해 양육 기간이 무척 길다. 식욕이나 배변 같은 생리적인 욕구를 해결하는 것뿐만 아니라, 스스로 생각하고 결정해서 자신의 나아갈 길을 찾을 때까지 줄잡아 20년은 걸린다. 그 기간 동안 아이가 애착의 뿌리를 단단히 내려야 하는 곳은 또래 친구가 아니라 부모다.

캐나다의 임상심리학자 고든 뉴펠트Gordon Neufeld는 요즘 아이들이 '애착 결핍'에 시달리고 있다고 말한다. 동물의 세계에서 어른 동물이 새끼에게 방향을 잡아주듯이 부모나 부모 역할을 대신하는 어른이 아이와의 애착관계를 통해 지향성을 잡아주어야 하는데 오늘날의 현실은 그렇지 못하다는 것이다. 그 결과가 또래지향성이라는 진단이다.

부모와의 애착관계가 제대로 형성되지 않은 상태의 또래지향성을 두고 뉴펠트는 맹인이 맹인을 인도하는 것과 같다고 단언한다. 그의 말에 따르면 또래지향적인 아이들은 다른 아이보다 더 상처받기 쉽고, 스트레스에 취약하며 불안정하다는 것이다.

물론 또래 친구가 중요하지 않다는 것이 아니다. 아이에게 또래 친구를 만들어주려고 애쓰기 전에 부모와 아이의 애착관계부터 살펴봐야 한다는 것이다. 따뜻한 권위와 안정적인 위안으로 아이에게 모범이 되는 부모는 아이들에게 든든한 언덕과 같다.

너른 품으로 아이를 품어라

엄마들은 바쁘다. 전업주부든 워킹맘이든 바쁜 이유만 다를 뿐 바쁨의 정도는 별반 다르지 않다. 그런데 아이들은 더 바쁘다. 학교 끝나고 학원도 가야 하고, 그 사이사이에 친구들과 놀아야 하고, 게임 레벨도 올려야 한다.

이런 시간이 반복되다 보면 아이의 마음속 엄마의 자리는 점점 더 희미해진다. 그러다 어느 순간 문제가 있음을 깨달았을 때는 이미 늦었을지도 모른다. 대화가 단절된 지 하도 오래되어 아이와 어떻게 대화를 해야 하는지 막막해지고, 따뜻하게 품어본 지 오래되어 스킨십조차 낯설어질 수도 있다.

엄마의 자리를 또래들에게 양보하지 마라.
엄마의 자리를 학원에 양보하지도 마라.

그 외에도 아이 마음속 엄마의 자리를 차지하려는 것이 있다면 단호히 막아서라.

아이가 스스로를 책임질 수 있는 성인으로 성장해 멋지고 자유롭게 비상하기를 원한다면 아이를 따뜻하게 품어야 한다. 사랑이 듬뿍 담긴 시선으로 아이를 들여다 보고, 시간을 함께 보내며, 아이의 발걸음에 맞춰 걸어야 한다.

물론 아이가 성장함에 따라 아이 마음속 엄마의 자리는 서서히 줄어들 것이다. 그러나 가득 차 있던 자리에 다른 것이 차오르며 균형을 맞춰 가는 것과 텅빈 곳을 다른 것이 점령하는 것은 분명 다르다.

아이에게 엄마는 '제3자'다
벽에 붙은 파리 효과

"이번에 성적이 떨어져서 네가 많이 속상하겠구나."

아무리 아이를 사랑해도 엄마가 '아이'일 수는 없다. 제3자의 입장이 되어 아이를 바라보자. '화'가 끓어오르는 대신 좀더 쉽게 '대안이나 해결책'을 찾을 수 있게 될 것이다.

엄마들과 대화를 하던 중에 아주 흥미로운 이야기를 들었다. '이모 같은 엄마가 제일 좋은 엄마'라는 것이다. 그 이야기를 듣자마자 나는 무릎을 쳤다. "정말 딱 맞는 말이네요."

'오직 사랑으로만 지켜봐줄 수 있는 사람, 그러나 내 자식은 아니기에 욕심을 부리지는 않을 사람.' 바로 이모쯤 되는 위치의 사람이 아니겠는가?

사실 엄마 입장에서는 자신과 아이를 분리하는 것이 쉽지 않다. 몸 속에 열 달이나 품고 있었으니 당연한 일일 것이다. 그럼에도 불구하고 아이는 결코 '내'가 아니고, 나 또한 '아이'가 아니다.

아이 때문에 창피해요

아이와 자신을 동일시하는 엄마들을 자주 본다. 이 엄마들은 아이의 성적이 곧 자신의 성적인 것처럼 좌절하고, 아이의 단점이나 잘못이 마치 자신의 문제인 것처럼 창피해한다. 이런 마음이 오래 묵어 점점 강도가 심해지면 결국 자신도 모르는 사이에 입 밖으로 튀어나오게 된다.

"내가 너 때문에 창피해서 못 살아!"

"너 바보야? 왜 이것도 몰라?"

"도대체 누굴 닮아서 이 모양이야!"

이런 말을 하는 엄마들은 말로는 '다 아이가 잘되라고, 아이를 위해서'라고 한다. 그러나 솔직해지자. 정말 아이를 위해서인가? 남들 앞에서 우쭐하고 싶어서, 자식 농사 잘 지었다는 부러움의 대상이 되고 싶어서, 당신을 닮아 똑똑하다는 말을 듣고 싶어서 등등 아이를 통해 자신의 존재를 인정받고 싶은 것은 아닌가?

냉정하게 말해서 엄마는 아이에게 '제3자'다. 제 아무리 아이를 사랑한다고 해도 사랑은 사랑일 뿐, 내가 '아이 자신'일 수는 없다. 더욱이 아이의 문제를 내 문제로 끌어안고 끙끙거려봐야 아무런 이득도 없다. 아이에게도, 엄마에게도 남는 건 상처와 열등감, 자괴감 같은 부정적인 감정뿐이다. 이럴 때 필요한 것이 엄마의 원래 위치를 깨닫고 아이와 자신을 분리해서 바라보는 것이다.

엄마인 나는 벽에 붙은 파리

자녀를 객관적으로 바라보는 데 큰 도움이 되는 재미있는 이름의 심리법칙이 있다. '벽에 붙은 파리효과'가 그것이다. 미국 버클리 대학교의 심리학자인 오즈렘 에이덕Ozlem Ayduk과 미시간 대학교의 이선 크로스Ethan Kross가 벽에 붙은 파리를 예로 들어 설명한 것에서 유래한 이름인데, 이런 식으로 생각해보는 것이다.

'파리가 내 아이의 성적표를 본다면 어떤 생각을 할까?'

'파리가 내 아이의 단점을 본다면 어떻게 반응할까?'

'파리가 내 아이의 실패를 본다면 어떤 이야기를 해주고 싶을까?'

벽에 붙은 파리라면 분명 이렇게 반응할 것이다.

'저 아이는 이번에 성적이 떨어져서 속상하겠구나.'

'단점 없는 사람은 없어. 우리는 신이 아니잖아.'

'실패를 인정하기 전까지는 결코 실패가 아니라는 말도 있잖아. 힘내.'

사실 '벽에 붙은 파리'가 아니어도 우리는 종종 다른 사람에게 이런 조언을 해주지 않는가? 제3자 입장에서 생각해보면 해결책이 훤히 보이는 경우가 얼마나 많은가?

실제로 사람들은 자신의 감정보다는 타인의 감정 상태를 더 정확히 알아맞힌다는 연구결과도 있다. 그만큼 남에 대해서는 객관적 공감 능력을 발휘할 수 있기 때문이다.

우선 내 아이와 나를 분리하자. 그리고 제3자의 입장, 즉 벽에 붙은 파리가 되어 아이를 바라보자. '화'가 끓어오르는 대신 '대안과 해결책'을 좀더 쉽게 찾을 수 있을 것이다. 아이의 단점이나 실패, 실수를 좀더 긍정적인 시선으로 해석하는 여유 또한 생겨날 것이다.

나를 화나게 한 것은 정말 아이일까?

흔들다리 효과

"화 내서 정말 미안해. 너 때문에 화난 게 아니었는데……."

우리는 자신의 몸과 감정에 대해 잘 알고 있다고 생각하지만 착각일 가능성이 높다.
아이 때문에 감정이 폭발하려 할 때 '정말 아이 때문인가?'를 찬찬히 따져보아야 한다.

아이의 잘못된 행동 때문에 화가 나서 아이에게 폭언을 퍼부었던
적이 있는가? 그때 화가 났던 이유가 온전히 아이의 잘못된 행동
때문이었다고 자신 있게 말할 수 있는가? 화가 난 이유에 단 1%
의 다른 감정이나 상황이 끼어들지 않았다고 당당하게 장담할 수
있는가?

아이에게 매를 들었던 적이 있는가? 그 매가 정말 아이를 위한
'사랑의 매'였다고 자신할 수 있는가? 매를 든 자신의 손길에 단
1%의 다른 감정이 끼어들지 않았다고 자신있게 말할 수 있는가?

정서반응에 대한 엉터리 해석

브리티시 콜롬비아 대학교의 도널드 더튼Donald Dutton과 뉴욕 주립 대학교 아서 애런Arthur Aron 박사가 실시한 '흔들다리 효과'라는 실험이 있다.

이 실험은 캐나다 벤쿠버 카필라노 강에 있는 두 개의 다리에서 각각 진행되었다. 첫 번째 다리는 까마득한 높이에 매달려 심하게 흔들리는 흔들다리였고, 두 번째 다리는 낮은 위치에 있는 단단하고 안정적인 다리였다. 그리고 젊은 남성을 두 개의 그룹으로 나누어 각각의 다리를 건너도록 지시한 후, 실험 진행자인 여성이 다리 중간에서 설문조사를 실시했다. 여성은 설문조사를 끝내고 이 실험에 대해 궁금한 것이 있으면 나중에라도 전화를 하라며 모든 남성에게 명함을 내밀었다.

그 결과, 안정적인 다리를 건너온 그룹에서는 남성 열 명 가운데 한 명 정도만이 여성에게 다시 전화를 걸었지만, 흔들다리를 건너온 그룹은 무려 절반 이상이 전화를 했다. 흔들다리와 안정적인 다리라는 차이만 있을 뿐 그 외의 조건은 똑같은 상황에서 왜 이런 차이가 발생하는 것일까?

우리는 흔히 자신의 몸이 감정을 만나 일으키는 반응에 대해 잘 알고 있다고 생각한다. 그러나 실제로는 그렇지 않다. 우리는 신체 반응이 일어나면 그것을 해석하는 과정을 거쳐 감정에 이름을 붙인다. 쉽게 말해서 손에 땀이 차면 자신이 긴장하고 있다고, 심장 박동이 빨라지면 자신이 흥분하고 있다고 해석하는 것이다.

문제는 이 해석에 가끔 오류가 일어난다는 데 있다. 위의 실험에서도 마찬가지다. 강심장을 가진 사람도 까마득하게 높고 작은 바람에도 흔들리는 긴 흔들다리를 건너다 보면 심장이 두근거리고 호흡이 가빠지기 마련이다. 그런데 이런 상황에서 매력적인 여성을 만나게 되자 해석의 오류가 일어난 것이다. '왜 이렇게 심장이 두근거리지? 혹시 눈앞의 이 여성 때문인가? 내가 이 여성에게 호감을 느끼고 있나?'라고.

엄마의 '화', 해석의 오류는 아닐까?

아이 때문에 화가 폭발하는 상황으로 다시 돌아가보자. 혹시 다른 것 때문에 신체에 불쾌한 반응이 일어난 상태에서 아이의 잘못을 맞닥뜨린 것은 아닐까?

'왜 이렇게 얼굴에 열이 오르고 호흡이 불규칙하지? 아, 쓰레기통 같은 아이의 방 때문에 화가 난 것이구나!' 이렇게 잘못 해석한 것이다. 그래서 평소에는 어질러진 아이의 방을 무심히 보아 넘겼으면서도, 딱 그 순간 내가 나의 신체반응을 잘못 해석하는 바람에 애꿎은 아이만 혼내는 것일 수도 있다.

아이 때문에 화가 날 때 가장 먼저 해야 하는 일은 감정을 폭발시키는 것이 아니라, 우선은 자신의 신체반응과 감정을 정확히 해석하는 것이다.

잠시 잠깐이라도 자신의 감정을 들여다 보는 시간을 갖게 되면 일석삼조의 효과가 있다. 첫 번째는 폭발하던 화의 압력이 약해지면서 필요 이상으로 화를 내지 않게 된다. 두 번째는 아이의 똑같은 행동에 대해 일관된 태도를 유지할 가능성이 높아진다. 마지막으로 아이를 크게 혼내 놓고 혼자서 미안함에 가슴 아파하는 일도 피할 수 있다.

만약 흔들다리 효과 때문에 아이에게 화를 냈다면 곧바로 사과를 해야 한다. 아이 앞에서 자신의 잘못을 인정하는 것이 쉽지는 않지만, 그래야 아이의 가슴에 상처나 반항심이 남지 않는다.

"화 내서 정말 미안해. 사실은 너 때문에 화난 게 아니었는데……."

엄마와 이야기할 때가 제일 좋아!

3 대 7의 법칙

"저런, 그랬구나."

문제가 생겼을 때 아이가 '일단 엄마와 이야기해보자'라고 생각한다면 당신은 성공한 엄마다. 이야기를 잘 들어주기만 해도 아이들은 깜짝 놀랄 만큼 지혜로운 해결책을 스스로 찾아낸다.

꼬마 모모는 그 누구도 따라갈 수 없는 재주를 갖고 있었다. 그것은 바로 다른 사람의 말을 들어주는 재주였다. 모모는 어리석은 사람이 갑자기 아주 사려 깊은 생각을 할 수 있게끔 귀 기울여 들을 줄 알았다. 상대방이 그런 생각을 하게끔 무슨 말이나 질문을 해서가 아니었다. 모모는 가만히 앉아서 따뜻한 관심을 갖고 온 마음으로 상대방의 이야기를 들었을 뿐이다. 그러면 그 사람은 자신도 깜짝 놀랄 만큼 지혜로운 생각을 떠올리는 것이었다.

미하엘 엔데(Michael Ende)의 소설 『모모(MoMo)』의 한 구절이다. 이 속에 엄마가 아이와 대화할 때 갖춰야 할 태도와 그 효과까지 모두 들어 있다.

잘 들어주기만 해도

아이 : 엄마, 오늘 친구랑 싸웠어.
엄마 : 저런. 어쩌다 그랬어?
아이 : 걔 눈엔 내가 잘난 척하는 것처럼 보였나봐. 미주알고주알······

아이는 엉뚱한 오해를 받아서인지 목소리에 억울함이 가득하다. 그런데 아이의 말을 듣고 있다 보면 엄마로서 무언가 조언을 해주어야 할 것 같고, 좋은 쪽으로 결론을 내리도록 유도해야 할 것만 같다. 그러나 경청의 재주를 가진 엄마라면 아이의 말에 중간중간 적절한 추임새만 넣어줄 것이다. 모모처럼 따뜻한 관심을 갖고 온 마음으로 들어주기만 해도 된다는 것을 알기 때문이다.

이야기가 진행될수록 화가 나서 씩씩거리던 아이의 목소리가 차츰 안정된다. 억울함을 실컷 토해내고 나니 화가 어느 정도 풀리는 것이다. 그쯤 되면 아이는 꽤나 명쾌한 결론을 내린다.

아이	걔랑 다시 이야기를 해야겠어. 그래도 오해가 안 풀리면 어쩔 수 없지. 세상 모든 사람이 나를 좋아해야 하는 건 아니잖아. 그렇지?
엄마	엄마도 그렇게 생각해.

엄마들은 대부분 아이의 문제에 즉각 개입을 해서 해결책을 내야 할 것 같은 강박을 가진다. 하지만 아이의 말을 잘 들어주기만 해도 의외로 많은 문제가 술술 해결된다.

형제자매가 싸울 때 누가 잘못했는지 엄마가 판결하지 않고 아이들의 말을 끝까지 들어주기만 해도 아이들은 쉽게 화해한다. 아이가 엄마한테 한마디도 지지 않으려고 할 때 '그래, 네가 하고 싶은 말을 다 해보렴' 하는 자세로 들어주다 보면 이내 사과한다. 학교에서 문제가 발생했을 때도 아이의 말을 잘 들어주다 보면 "내가 스스로 한 번 해결해볼게. 그래도 안 되면 그때는 엄마가 좀 도와줘"라며 당당하게 자신을 지켜낼 방법을 찾는다.

말하는 동안 억울함, 속상함, 분함 같은 감정들이 풀어지고, 형클어져 있는 문제들이 정리가 되면서 '깜짝 놀랄 만큼 지혜로운 생각'이 떠오르기도 하기 때문이다.

아이에게 대화의 70%를 맡겨라

아이들이 사춘기에 접어들 때쯤 하는 말 가운데, 엄마들이 무척 상처받는 말이 하나 있다.

"엄마는 몰라도 돼!"

바로 이 말이다. 어릴 때 "네가 뭘 안다고 그렇게 말이 많아?" "너는 엄마가 시키는 대로나 잘해" "엄마 말에 말대꾸하지 말랬지!" 같은 엄마의 말을 들으며 자라난 아이들이 고스란히 그 말을 엄마에게 되돌려주는 셈이다.

미국 웨슬리 대학교의 심리학자 크리스 클라인케Chris Kleinke 박사는 대화중인 어떤 사람의 발언량을 33%, 50%, 67%로 조작한 비디오를 실험 참가자들에게 보여주고 매력도를 평가해달라고 했다. 발언량과 매력도의 관계를 조사하기 위해서였다. 그 결과 발언량이 33%인 경우가 가장 높은 점수를 받았다. 즉 우리는 말이 너무 많은 사람을 매력적으로 느끼지 않는 것이다. 본인은 30%만 말하고 70%는 상대방이 말하도록 했을 때 호감도가 가장 올라갔는데, 이것이 '3 대 7의 법칙'이다.

자녀와 부모의 관계도 결국은 인간관계다. 아이에게 대화의 70%를 맡기면 아이는 엄마와 대화하는 시간을 즐거워하게 된다.

아이로부터 세상에서 엄마와 얘기하는 게 제일 좋다는 말을 들을 수 있다면 그 무섭다는 중2병도, 파충류의 뇌가 된다는 사춘기도 크게 걱정할 필요가 없다. 문제가 생길 때마다 아이가 이렇게 생각할 것이기 때문이다.

'그래, 일단 엄마와 이야기해보자.'

아이의 꿈, 엄마의 환상

미스티피케이션

"멋진 꿈이야! 넌 할 수 있어!"

아이에게 꿈을 유도하는 방식이 반드시 나쁘다고 할 수는 없지만 조심하고 또 조심해서 사용해야 한다. 계속 미스티피케이션으로 대하면 아이는 '자신'을 만날 수 있는 기회를 잃게 된다.

아이와 함께 놀이터에서 놀던 엄마의 입에서 한숨이 나온다. 지친 것이다. 하지만 아이는 아직도 팔팔하다. 엄마가 말한다.

"피곤하지? 이제 그만 놀고 낮잠 잘까?"

"아냐. 더 놀 거야."

아이의 말에 엄마가 고개를 젓는다.

"엄마가 보면 알아. 지금 딱 잠 오는 눈인걸!"

아이가 고개를 갸웃한다. 더 놀고 싶기도 하지만 엄마가 잠 오는 눈이라고 하니 그런가 싶은 것이다. 좀 지친 것도 같고, 갑자기 눈꺼풀이 내려앉는 것도 같다.

이 엄마가 사용한 전술이 있다. 바로 미스티피케이션mystification
이다. 영어 mystification은 '신비화, 어리둥절하게 하다' 등으로
번역되는 단어다. 김춘경 외 4인이 공저로 집필한『상담학 사전』
에 따르면 미스티피케이션이란 타인의 경험이나 감정을 실제와는
다르게 정의하거나 표현함으로써 본래의 의미를 왜곡하는 현상을
말한다.

이러한 미스티피케이션은 일상생활에서 자주 경험할 수 있다.
누군가가 "오늘 무슨 일 있어요? 우울해 보여요"라고 하면 '정말
그런가? 그러고 보니 우울해서 기운이 없었구나' 하는 생각을 하
게 되지 않던가?

강요된 꿈

많은 부모가 아이에게 미스티피케이션을 사용한다.

"우리 아들, 외교관이 된다고 했잖아. 진짜 멋진 꿈인 것 같아."
"우리 딸, 의사가 되면 엄마도 치료해줄 거지?"

아이가 실제로 의사나 외교관이 된다고 했든 안 했든 중요하지
않다. 엄마 또는 아빠가 그 직업을 멋있게 생각한다는 것이 핵심

이다. 내 아들이, 내 딸이 꼭 그 꿈을 이루기를 꿈꾼다.

아이들의 꿈은 사실 하루가 멀다 하고 바뀐다. 경제학자이자 심리학자인 엘리 긴즈버그Eli Ginzberg는 진로발달에 있어서 초등학교까지의 시기를 '환상기'라고 보았다. 이 시기의 아이들은 자신이 원하는 직업이면 무엇이든 될 수 있고, 하면 된다는 식으로 여러 직업을 탐색해본다. 이름 그대로 '환상'인 것이다. 어제 의사가 되고 싶었다가 오늘 아이돌 스타가 되고 싶었다가 내일 행복한 청소부가 되고 싶은 것이 이 시기의 아이들이다.

그렇게 바뀌는 꿈들 가운데 어느 날 아이가 무심코 부모가 원하는 꿈을 말하는 순간, 아이는 그때부터 그 말을 반복해서 듣게 된다. 꿈을 꾸는 것이 아니라, 부모로부터 꿈을 강요당하기 시작하는 것이다. 이것이 바로 미스티피케이션이다.

물론 아이에게 꿈을 유도하는 방식이 반드시 나쁘다고만 할 수는 없다. 그러나 조심하고 또 조심해서 사용해야 하는 것만은 틀림없다. 아이를 계속 미스티피케이션으로 대하면 아이는 진정한 자신을 만날 수 있는 기회를 잃게 되기 때문이다.

그것이 무슨 꿈이든 아이가 꿈을 말할 때는 엄지손가락을 척 내밀어주며, '넌 할 수 있어! 멋진 꿈이야!'라고만 말해줘도 충분하지 않을까?

미스티피케이션으로 하는 긍정적 강화

칭찬은 미스티피케이션을 긍정적으로 사용하는 경우다.

"우리 딸, 공부하는 뒷모습이 멋진데."
"우리 아들, 정리정돈에 재주가 있는 모양이야!"

아이가 어쩌다 한 번 하게 된 행동이었더라도 순간을 잘 포착해 아낌없이 칭찬을 쏟아부어주면 된다. 때로는 약간의 허풍을 양념처럼 가미하는 것도 괜찮다. 설사 엄마가 부르자마자 아이가 뒤돌아봤더라도 이렇게 말해주는 것이다.

"집중력이 대단한 걸. 엄마가 불렀는데도 못 듣네. 그 책 재밌어?"

이렇게 하다 보면 자신이 정말 집중력이 뛰어난 사람인 것처럼 느끼게 되고, 또 실제로 그렇게 행동하게 된다.

2장

잔소리가 훈육이 되려면,
어떻게 말해야 할까?

Preview Summary

잔소리 대신 질문을 하면 잔소리할 일이 점점 사라진다. '아하, 저런 생각으로 그러는구나' 알게 되고, '저렇게 의젓한 마음을 가졌었구나' 새삼 감동도 하게 된다.

잔소리를 하는 모습을 잠깐 돌아보자. 양치해라, 학교 갔다 오면 손 씻어라, 게임 그만 해라, 공부해라, 공부해라, 공부해라……. 그러다 보면 결국 "엄마가 몇 번을 말해야 알아들을 거야!" 하고 빽, 고함까지 지르게 된다.

"다 아이가 잘 되라고 하는 거죠."

아이에게 잔소리를 하는 엄마들의 한결같은 반응이다. 그런데 정말 그럴까? 끝도 없이 이어지는 잔소리의 밑바탕에 아이를 비난하는 은밀한 공격성과 아이를 믿지 못하는 마음, 모든 사람이 자신의 생각에 맞춰야 한다는 나르시시즘적 해석 같은 무의식이 깔려 있지는 않은가?

잔소리는 반발만 남긴다

"애미야, 김부각 만들어서 택배로 보냈다. 애비가 김부각을 좋아하잖니? 봄이라서 입맛 없을 텐데 네가 좀 챙겨서 먹으렴."

시어머니의 이 말에 기분이 상했다면 어떤 부분에서 기분이 상한 걸까? 전통적인 방법으로 만드는 김부각은 정말 손이 많이 가는 음식이다. 그런 음식을 만들어준다는 데도 기분이 언짢아지는 경우가 있다.

시어머니의 말 속에서 '너보다는 내가 내 아들을 잘 알지' 하는 나르시시즘적 심리, '네 솜씨로 김부각 같은 음식이 가당키나 하겠니?' 하는 은근한 비난 등이 느껴질 때, 듣는 며느리 입장에서는 기분이 상한다. 무의식적인 반발이 작용하기 때문이다.

아이들도 마찬가지다. 엄마 말이 다 맞는데도 반발심이 생긴다. 잔소리를 듣는 아이 입장에서는 무의식에 상처를 받게 되고 반사적으로 보호본능이 일어나기 때문이다. 엄마의 무의식과 아이의 무의식이 충돌하고 나면 남는 것은 상처뿐이다. 잔소리를 한 애초의 목적은 온데간데없다.

잔소리에서 '잔'을 빼라

음식에서 기름기를 빼듯, 잔소리에서 '잔'을 빼보자. 아이를 믿지 못하는 마음, 엄마의 괜한 불안, 아이를 마음대로 휘두르려는 마음

등이 바로 '잔'이다. 이 '잔'을 빼고 나면 잔소리 대신 질문을 하는
자신을 발견하게 될 것이다.

"무슨 마음으로 그렇게 한 거니?"
"엄마 생각은 이런데 네 생각은 어떠니?"

물어보면 아이들은 뜻밖의 이야기를 한다.

"엄마, 나는 세상에서 씻는 게 제일 귀찮아. 씻겨주는 로봇이 나왔으면
좋겠어."
"게임이 너무 재미있어. 공부를 게임처럼 재미있게 할 방법은 없을까?"
"공부를 왜 해야 하는지 이유를 잘 모르겠어. 엄마는 왜 공부를 해야 한
다고 생각해?"

잔소리하는 대신 질문을 하면 결국 잔소리할 일도 점점 사라진
다. 아이의 대답을 들으면 '아하, 저런 생각까지 하는구나' '저런
마음으로 그러는구나' 하고 아이의 속마음을 알게 되기 때문이다.
엄마인 내가 미처 생각하지 못한 것까지 고민하고 있다는 것도 깨
닫게 된다.

한때 초등학교 5학년 어린이가 썼다고 알려져 온라인에서 크게 화제가 되었던 시가 있다. 제목이 중독이다. 틈만 나면 게임을 한다고 엄마에게 '넌 게임 중독이야!'라고 잔소리를 듣지만 그래도 자신은 학교도 가고, 학원도 가고, 똥도 싸는 등 할 일은 다 하고 게임을 한다면서 틈도 없이 잔소리하는 엄마가 사실은 '중독'이라고 비꼰 시다.

나중에 강기화 시인의 동시라는 것이 알려지긴 했지만, 어쨌거나 이 시가 큰 호응을 불러일으킨 이유가 무엇이겠는가? 엄마 스스로 자신이 잔소리에 중독된 것은 아닌지 돌아볼 필요가 있다.

아이 마음속 '청개구리'

백곰 효과

"엄마와 약속했던 시간이 다 됐네."

금지어로 하는 잔소리는 백해무익이다. 백곰을 생각하지 말라고 하면 백곰 생각에 더 집착하는 '백곰 효과' 때문이다. 대화를 통해 타협점을 찾는 것이 느리지만 빠른 길이다.

"게임 좀 그만 해!"

"너 자꾸 핸드폰만 하고 있으면, 압수할 거야!"

"만화책 좀 그만 보고, 글로 된 책 좀 읽어!"

엄마들이 많이 하는 잔소리의 주제들이다. 물론, 이 정도로 짧게 끝난다면 그나마 다행이라고 봐야 한다. 한마디면 될 말을 주저리주저리 끝도 없이 늘어놓는다. 게다가 대부분은 '이거 하지 말고 저거 하라'는 소리다. 그런데 과연 이 방법이 효과가 있을까?

백곰을 생각하지 마시오

'백곰을 생각하지 마시오'라는 글을 읽었을 때 머릿속에 첫 번째로 떠오른 것이 무엇인가? 혹시 북극의 설원과 '백곰'을 떠올리지는 않았는가? 우리 마음속에는 청개구리 한 마리가 살고 있다. 하지 말라고 하면 더 하고 싶어 하는 바로 그 청개구리 말이다.

하버드 대학교 심리학과 대니얼 웨그너Daniel Wegner 교수는 실험으로 우리 마음속에 살고 있는 청개구리를 증명했다. 그는 실험에 참가한 사람들을 A, B, C 세 개의 그룹으로 나누고 백곰과 관련된 영상을 보여주었다. 그 후 A그룹에게는 '백곰을 기억하세요'라고 말하고 B그룹에게는 '백곰을 생각해도 되고 다른 생각을 해도 된다'고 지시했다. 그리고 C그룹에게는 '절대로 백곰을 생각하지 말라'고 요구했다.

그리고 5분 동안 눈을 감고 백곰이 생각날 때마다 벨을 누르라고 했는데 어느 그룹이 가장 벨을 많이 눌렀을까? 바로 C그룹이었다. 심지어 1년이 지난 후, 당시에 보여줬던 백곰 관련 영상의 내용을 가장 잘 기억하는 사람도 C그룹이었다.

흔히 '백곰 효과'라고 부르는 이 실험을 통해 웨그너 교수는 '사고 억제의 역설적 효과'라는 이론을 만들었다. 특정한 생각을 떠올리지 않으려고 노력할수록 오히려 그 생각에 집착하게 되는 역설적인 효과를 낳게 된다는 것이다.

잔소리 대신 대화를 하자

"너 한 시간만 게임하겠다고 엄마와 약속했어, 안 했어? 지난번에도 엄마와 한 약속을 안 지켜서 혼났으면서 아직도 정신을 못 차렸지? 도대체 뭐가 되려고…."

이렇게 길게 이어지는 엄마의 잔소리에 등 떠밀려 책상 앞에 앉아 있어봤자, 아이의 머릿속엔 오직 게임 생각뿐이다. 게임 생각을 안 하고 싶어도 그럴수록 강박적으로 '게임'의 화면이 눈앞에 왔다갔다한다. 아이가 생각하고 싶어서 생각하는 것이 아니다. 사고 억제의 역설적 효과 때문이다. '아, 또 잔소리!'라고 아이가 생각하는 순간, 엄마의 의도는 1차적으로 휘발된다. 그리고 '금지'에 반발하는 우리 사고의 역설에 의해 2차적으로 희석되어버린다.

더욱이 잔소리를 하는 과정에서 앞서 살펴봤던 피그말리온 효과나 미스티피케이션이 나쁜 방향으로 한꺼번에 진행될 가능성이 높다. '우리 엄마는 나를 약속을 안 지키는 사람, 게임이나 하는 사람으로 보는구나. 나는 앞으로 훌륭한 사람이 될 수 없겠구나.' 이렇게 생각하게 되는 것이다. 이쯤되면 잔소리를 해봐야, 이익은 제로를 넘어 오히려 마이너스가 되어버린다.

"엄마와 약속했던 시간이 다 됐네. 게임은 내일 또 하도록 하자."

"이제 숙제할 시간이네. 엄마가 도와줘야 할 게 있으면 언제든 말해."

"엄마는 지금부터 책 읽을 건데, 너는 무슨 책 읽을 거야?"

이렇게 주의를 환기시켜보자. 당장은 아이가 계속 게임을 하겠다며 고집을 부릴 수도 있다. 그렇더라도 백해무익한 '금지어 잔소리'보다는 아이와 함께 대화를 통해 타협점을 찾는 것이 느리지만 빠른 길이다.

아이를 행동하게 하는 뜻밖의 단어?

왜냐하면 효과

"양치해야지. 왜냐하면 양치는 해야 하기 때문이야."

아이에게 무언가를 지시할 때 '왜냐하면……' 하고 이유를 설명해주자. 이때 주의할 점은 짧고 명쾌해야 한다는 것이다. 아무리 멋진 이유도 길어지면 잔소리가 된다.

'양치를 해야 하는 이유가 양치를 해야 하기 때문이라고? 저런 말에 정말 아이가 움직인단 말이야?' 하지만 이런 엉터리 근거로도 상대방을 움직이게 할 수 있다는 사실이 심리학 실험으로 입증되었다.

'왜냐하면'의 놀라운 힘

미국 하버드 대학교의 심리학 교수인 엘렌 랭거Ellen Langer는 복사기 앞에 줄을 선 사람들에게 양보를 이끌어내는 실험을 진행했다.

첫 번째 실험자가 앞에 선 사람에게 "죄송하지만 제가 먼저 복사해도 될까요?"라고 부탁했다. 이때 양보를 받은 비율은 60%였다. 두 번째 실험자는 앞에 선 사람에게 "죄송하지만 제가 먼저 복사해도 될까요? 왜냐하면 아주 바쁜 일이 있거든요"라며 '왜냐하면'을 사용해 이유를 설명했다. 이때 양보를 해준 사람은 무려 94%였다. 상대를 설득하기 위해서는 이유를 설명하는 것이 효과적이라는 결과를 보여준다.

여기서 랭거 교수는 재미있는 실험을 하나 더 진행한다. 복사를 하기 위해 앞에 선 사람에게 '왜냐하면'이라며 이유를 설명하기는 하는데 엉터리 이유를 갖다붙이는 것이다.

"죄송하지만 제가 먼저 복사해도 될까요? 왜냐하면 제가 복사를 해야 하거든요."

상식적으로 생각해보면 '당신만 복사해야 합니까?'라는 핀잔이 돌아올 것 같지만, 뜻밖에도 93%의 사람이 양보를 해주었다. 설득력 있는 이유를 댄 두 번째 실험자와 거의 비슷한 수치의 양보를 이끌어낸 것이다.

이것이 바로 '왜냐하면'의 힘이다. 일종의 '익숙함 효과'다. '왜냐하면'이라는 말 뒤에는 당연히 논리적인 정보가 따라올 것이라고 습관적으로 생각해서 그 뒤에 오는 말의 논리성까지는 미처 따지지 않는 것이다.

아이에게 이유를 설명해주자

그렇다고 아이에게 가짜 정보를 제공하라는 말은 아니다. 랭거 교수의 실험에서 핵심은 가짜 정보에 있는 것이 아니라 '왜냐하면'에 있다. 예를 들어 엄마가 바쁘게 일을 하고 있는데 아이가 무언가를 요구하는 상황을 생각해보자. 이때 엄마들이 무심결에 사용하는 말이 '잠깐만'이다.

"엄마, 서랍장 맨 위에 있는 장난감 내려줘."
"잠깐만."

말 그대로 잠깐 기다린 아이는 곧바로 다시 엄마를 부른다.

"엄마! 장난감 내려줘!"
"잠깐만 기다리라니까!"

이때쯤 되면 아이는 고래고래 목청을 돋워 엄마를 부르기 마련이고, 엄마는 엄마대로 짜증이 나게 된다.

"잠깐만 기다리라고 했잖아! 지금 바쁜 거 안 보여? 엄마가 소파에 앉아 있을 때 말하지, 왜 엄마 바쁠 때 이것저것 해달라는 거야!"

이렇게 진행된 잔소리의 경험을 갖고 있는 엄마라면 앞으로는 '잠깐만'이라는 말 뒤에 이유를 덧붙여주자. "잠깐만 기다려줄래? 왜냐하면 엄마가 지금 야채를 썰고 있거든"이라고 말하면, 아이는 '야채 썰기가 끝나는 시간'까지 기다리면 된다는 정확한 정보를 알게 된다. 당연히 아이가 얌전히 엄마를 기다릴 가능성 또한 크게 높아진다.

아이에게 무언가를 요구할 때도 잔소리하느라 진 빼지 말고 '왜냐하면'을 사용해보자.

"숙제하고 놀자. 왜냐하면 숙제는 원래 학교에 갔다가 집에 오자마자 해야 하기 때문이야."
"매일 수학 문제집 두 장을 풀자. 왜냐하면 나중에 한꺼번에 문제집을 다 풀려고 하면 너무 힘드니까."

이때 '왜냐하면'의 뒤에 이어지는 설득은 짧고 명쾌한 것이 좋다. 아무리 멋진 이유도 길어지면 잔소리가 된다.

중요한 말일수록 넓은 공간에서 하라

마음의 공간 효과

"엄마와 산책 갈래?"

넓고 탁 트인 공간은 지혜와 협상력, 갈등해소 능력을 향상시킨다. 민감하고 조심스러운 문제일수록 아이와 야외에 나가 대화를 나누자. 지혜롭고 창의적인 해결 방법을 찾게 될 것이다.

아이에게 이 이야기를 해야 하나, 말아야 하나 고민이 될 때가 있다. 아이와 꼭 대화해야 할 중요한 주제인데 여러 가지 이유로 아이가 예민하게 반응해 역효과가 날 가능성이 있을 때가 특히 그렇다. 이럴 때는 아이와 함께 야외로 나갈 것을 권한다.

야외에서는 이야기가 술술 풀린다

〈내 인생은 나의 것〉이라는 오래된 노래가 있다. 화초처럼 부모님이 원하는 대로 자랐지만 그것이 상처가 되었다고 이야기하면서 결국 '내 인생은 나의 것'이라고 주장하는 노래다. 발표 당시에도 꽤나 인기를 끌었던 것을 보면 90년대나 지금이나 부모와 자녀의 관계 맺기가 쉽지만은 않다는 것을 알 수 있다.

이 노랫말에서처럼 아이 인생은 결국 아이의 것이다. 하지만 그렇다고 해서 어떤 문제에도 부모가 개입하지 말아야 한다는 이야기는 아니다. 서로 정보를 나누고 최선의 방향을 함께 찾아가야 할 때가 많다. 이때 필요한 것이 대화다.

하지만 공부 문제나 진로 문제, 친구 문제, 이성교제 문제, 아이도 알아야 하는 가족 내의 문제 등 주제가 민감한 경우에는 대화를 시작하기가 조심스럽다. 자칫 잘못 접근했다가는 아이의 저항에 부딪치게 된다.

이때 탁 트인 자연으로 나가보자. 캠핑도 그 중 한 방법이다. 가족들이 함께 야외로 나가 모닥불 가에 둘러앉으면 그동안 서로가 바빠서 나누지 못했던 이야기들이 술술 나온다. 때로는 부모가 이야기하고 싶으나 망설이고 있던 주제를 아이가 먼저 꺼내놓기도 한다.

아이 : 엄마, 요즘 마음이 복잡해서 공부가 손에 안 잡혀.

엄마 : 무슨 걱정 있니?

아이 : 원래 의도는 그게 아니었는데 말을 하다 보니까 친구한테 상처 주는 말을 해버렸어. 친구가 화가 많이 나서 사과해도 안 받아줘.

엄마 말이라는 게 참 희한해서 하다 보면 점점 더 독해지더라고. 엄마도
그런 경험이 있어.

이렇게 시작된 이야기는 잔잔하게 이어진다. 부모가 아이를 비
난할 일도, 아이가 방어적인 자세를 취하는 일도 없다. 확 트인 자
연 속에서 아이의 마음도 부모의 마음도 넓어지기 때문이다.

부모가 먼저 이야기를 꺼내도 상황은 엇비슷하게 흘러간다.

엄마 월요일까지 학교생활기록부에 올라갈 꿈을 결정해야 한다고 했
지? 엄마 아빠와 네 꿈에 대해서 이야기를 좀 해보면 어떨까?

아이 난 요리사라고 적을 건데, 엄마 아빠도 할아버지처럼 내가 요리사
되는 게 싫어?

엄마 아냐. 네가 좋다면 엄마 아빠는 찬성이야. 하지만 좀더 알아보고 정
말 네가 원하는 건지 이야기를 나눠볼 필요는 있을 것 같아.

자신의 꿈을 마땅찮아하는 할아버지 때문에 방어적인 마음을
가졌던 아이는 눈살을 살짝 찌푸리지만 그래도 순순히 고개를 끄
덕인다. 아이를 둘러싸고 있는 공간이 넓어지면서 아이 마음의 방
어벽도 어느 정도는 느슨해졌기 때문이다.

시야가 넓어지면 마음의 공간도 커진다

미국의 코넬 대학교 마노즈 토마스Manoj Thomas 교수는 비슷한 두 개의 물건을 컴퓨터 화면에 띄어놓고 실험 참가자들을 두 그룹으로 나눠 그 중 하나를 선택하게 했다. A그룹 사람들에게는 "컴퓨터 스크린에 가까이 몸을 기울이세요"라고 말했고, B그룹 사람들에게는 "컴퓨터 스크린에서 멀어지게 몸을 뒤로 기울이세요"라고 주문했다.

똑같은 컴퓨터 앞이었고 선택해야 하는 물건 두 개도 같았지만 결과는 달랐다. 컴퓨터 앞으로 몸을 기울인 사람보다 뒤로 몸을 기울여 컴퓨터 화면과의 사이에 널찍한 공간을 마련한 사람이 더 쉽게 물건을 선택했던 것이다.

캔자스 대학교의 심리학자 루스 애칠리Ruth Atchley는 자연 속에서 사흘 이상 지내면 모든 연령층의 창의성이 50% 급증한다는 것을 증명하기도 했다.

넓고 탁 트인 공간은 지혜와 협상력, 갈등해소 능력을 향상시킨다. 나를 둘러싸고 있는 공간이 넓을수록 마음의 공간도 그만큼 넓어지기 때문이다. 중요하고 까다롭고 조심스러운 문제일수록 아이와 야외에 나가 대화를 나눠보자. 좀더 편안한 마음 상태에서 지혜롭고 창의적인 해결 방법을 찾을 수 있다.

민감한 대화는 따뜻한 것과 함께

따뜻한 음료 효과

"엄마와 핫초코 마시자."

따뜻한 음료는 우리의 마음에 따뜻함과 믿음, 다른 사람의 입장을 먼저 고려하는 관대함을 선물해준다. "엄마와 핫초코 마실까?"라는 말은 서로의 마음을 열어주는 마법의 주문이다.

아이를 꾸짖지 않고 키울 수 있으면 얼마나 좋을까? 아이와 환한 웃음, 포근한 사랑만 나누고 싶은 것이 부모의 마음이다. 하지만 아이들은 실수투성이에다 때로는 잘못을 저지르기도 한다. 내 아이가 못나서가 아니다. 원래 모든 어린 생명은 그런 과정을 거쳐 성장하기 마련이다. 훈육은 아이를 올곧게 성장시키기 위한 학습의 한 과정이다. 하지만 받아들이는 아이 입장에서는 흔쾌히 받아들이기 쉽지 않은 것이 훈육이다. 잘못을 지적 받는 데 달가워할 사람은 없다.

아이를 훈육해야 할 때 어떤 방법을 사용해야 부모도 아이도 흔쾌할 수 있을까? 미국 콜로라도 대학교의 로렌스 윌리엄스Lawrence Williams의 실험에서 멋진 방법을 찾을 수 있다.

손이 따뜻하면 마음도 따뜻해진다?

윌리엄스 교수는 참가자를 대상으로 '인물평가 실험'을 진행했다. 인물을 평가할 때 외부적인 요인이 어떤 작용을 하는지 알아보기 위해서였다.

실험은 이렇게 진행된다. 참가자들은 시간 간격을 두고 한 명씩 건물의 1층 로비에서 실험 진행자를 만나는데, 두 사람은 엘리베이터를 타고 실험실로 이동한다. 이때 진행자는 매번 참가자에게 자신이 들고 있던 테이크아웃 컵을 잠깐 들어달라고 부탁한다. 그 컵에는 차가운 음료 또는 뜨거운 음료가 들어 있다. 그런 다음 동일한 인물을 평가하는 실험을 진행한다.

이 실험은 인물평가가 아니라 음료의 온도에 따라 상대를 어떻게 평가하는지를 알아보는 것이 핵심이다. 그 결과 뜨거운 음료를 잡았던 사람들이 차가운 음료를 잡았던 사람들보다 실험 대상 인물에 대해 훨씬 더 호의적인 평가를 내리는 것으로 나타났다. 우리나라의 모 방송에서도 똑같은 실험을 진행했는데 결과는 마찬가지였다.

따뜻한 음료가 우리의 마음에 따뜻함과 믿음, 다른 사람의 입장을 먼저 고려하는 관대함을 선물해준 것이다.

엄마와 핫초코 한 잔 할까?

아무리 좋은 의도를 가졌다고 해도 부모의 훈육이 아이들에게 달가울 리는 없다. "엄마와 이야기 좀 해! 여기 앉아봐!" 하는 순간, 아이들은 경직되기 마련이다. 몸이 경직되면 마음의 문도 쾅 닫힌다. 그 상태에서 아무리 훈육을 해봐야 먹히지 않는다. 오히려 반항심만 키울 공산이 크다.

먼저 따뜻한 음료를 준비해보면 어떨까? 아이가 머그컵을 잡고 후후 불어 마실 때, 그러니까 아이의 손이 따뜻해졌을 때, 엄마가 하고 싶은 이야기를 시작하는 것이다.

"조금 전에 네가 한 행동을 보면서 엄마는 걱정이 됐어. 왜냐하면 예의 없는 행동이었거든."

"엄마는 네가 동생과 조금 더 사이좋게 지냈으면 좋겠어."

"이번에 성적이 내려갔던데, 특별한 이유가 있어? 엄마가 도와줄 게 있을까?"

인간은 착각하는 존재라고 한다. 자신의 손이 따뜻한 것은 지금 자신의 마음이 따뜻하기 때문이라고 착각한다. 그 따뜻함이 엄마의 따뜻함이라는 믿음도 갖게 된다. 그래서 평소 같으면 엄마의 잔소리에 입을 툭 내밀고 반항을 했을 아이도 쉽게 고개를 끄덕이고 엄마의 말을 수긍한다.

"아까는 미안해. 다음부터는 좀더 예의바르게 행동할게."
"좀 귀찮기는 하지만 그래도 어쩌겠어. 내 동생인걸!"
"다음에는 더 열심히 공부할게. 엄마 도움이 필요하면 얘기할 테니까, 그때 도와줘."

아이뿐만이 아니다. 엄마도 음료를 준비하는 과정에서 따뜻함의 위로를 맛보게 되고 마음도 한결 관대해진다. 끓어오르던 화도 음료를 준비하는 동안 어느 정도 누그러져 아이와 차분하게 대화할 수 있는 여유가 생긴다.

"엄마와 핫초코 같이 마실까?"

엄마도 아이도 서로를 향해 관대해질 수 있는 마법의 주문이다.

양치질을 시키고 싶다면 목욕부터

면전에서 문 닫기 기법

"좋아. 그럼 목욕 대신 양치질이라도 하자."

아이에게 무리한 부탁을 해서 거절 당한 후 원래의 목적인 작은 부탁을 해보자. 거절 후에 느끼게 되는 불편하고 미안한 마음을 잘만 활용하면 잔소리는 줄고 목적 달성은 수월해진다.

"내가 뭐 대단한 것 하라는 게 아니잖아요. 아침에 깨울 때 재깍 일어나고, 숙제 좀 제때 하고, 자기 전에 양치질만 하면 된다고요. 그런데 그걸 안 해서 잔소리를 하게 만들어요."

엄마들이 많이 하는 하소연이다. 엄마가 아이에게 잔소리를 하게 되는 이유를 살펴보면 대개는 사소한 것들이다. 그런데 아이들은 마치 그 사소한 일들이 자기 인생 최대의 난제인 것처럼 군다. 대단한 것을 하라는 것도 아닌데 그것조차 안 하는 아이 때문에 잔소리 폭탄을 터트리느니 처음부터 '대단한' 것을 요구해보면 어떨까? 이른바 '면전에서 문 닫기 기법'이다.

마음의 불편함을 이용한 '면전에서 문 닫기'

누군가의 부탁을 거절하고 나면 마치 상대의 면전에서 문을 쾅 닫아버린 것처럼 괜히 미안해진다. 이때 거절당한 상대가 수월하게 들어줄 만한 작은 부탁을 하면 미안해서라도 순순히 들어주게 되는 경우가 많다.

애리조나 주립대학교의 교수인 로버트 치알디니Robert Cialdini 연구팀이 진행한 실험을 보자. 이들은 우선 참가자들을 A, B, C 세 그룹으로 나누었다.

A그룹에게는 청소년 범죄자들을 일주일에 두 시간씩 2년 동안 상담해달라고 요청했다. 무리한 요청에 당황해하는 참가자들에게 그것이 힘들면 며칠 뒤 청소년 범죄자들이 소풍을 갈 건데 그날만 자원봉사를 해도 좋다고 부탁을 수정했다.

B그룹에게는 2년 동안 일주일에 두 시간씩 상담을 하는 자원봉사와 단 하루 소풍에 따라가는 봉사가 있는데 어느 쪽이든 한 가지 프로그램에 참여해줄 수 있느냐고 물었다.

C그룹에게는 다른 조건을 덧붙이지 않고 청소년 범죄자들과 소풍을 갈 예정인데 그날 자원봉사를 해줄 수 있는지만 물었다.

실험 결과, A그룹은 50%, B그룹은 25%, C그룹은 17%가 소풍 자원봉사를 하겠다고 응답했다. 요청을 거절한 것에 대한 미안함이 무리가 덜한 요청은 받아들이도록 이끈 것이다.

만약 양치질을 시켜야 한다면 먼저 아이에게 목욕을 하라고 제안해서 일단 거절을 당하자. 그런 다음 "그럼 양치질이라도 해"라고 유도하면 '까짓, 그쯤이야'라는 생각에 부탁을 들어줄 가능성이 높아진다.

마음속의 관성을 이용한 '문간에 발 들여놓기'

면전에서 문 닫기와 반대되는 '문간에 발 들여놓기 기법'도 있다. 이 기법은 사소하고 작은 부탁에서 시작해서 큰 부탁으로 나아가는 방법이다.

예를 들어 "심장병 어린이를 위한 서명운동에 동참해 주시겠어요?"라는 부탁에 응한 사람에게 "모금운동도 함께 진행하고 있는데 성금을 부탁드려도 될까요?"라고 접근하는 방식이다.

사우스캐롤라이나 대학교의 피터 레인겐Peter Reingen 교수는 갑자기 성금을 내달라는 부탁을 받은 사람보다 서명운동을 한 후에 성금을 부탁받은 사람이 두 배 정도 더 많이 모금에 참여한다는 것을 밝혀냈다.

이것은 우리 마음속의 관성을 이용한 기법이다. 작은 부탁 하나를 들어주고 나면 그 뒤에 이어지는 큰 부탁까지 들어줘야 할 것 같은 의무감을 갖게 된다는 것이다.

예를 들어 양치하라는 엄마의 말에 아이가 순순히 응하면 듬뿍 칭찬을 안겨준다. 그런 다음, 더 큰 부탁으로 나아간다.

"양치한 김에 목욕도 하면 참 좋겠다."

상황과 경우에 따라서 '면전에서 문 닫기 기법'이 나을 때도 있고, '문간에 발 들여놓기 기법'이 효율적일 때도 있다. 두 기법 모두 익혀두었다가 적절하게 사용해보자. 잔소리는 줄어들고 목적 달성은 더욱 수월해질 것이다.

잔소리할 때 필요한 어릿광대의 모자

유머 효과

"요 녀석들! 자꾸 싸우면 간지럼 대마왕한테 던져줘 버릴 테다!"

아이가 입꼬리를 올리며 웃는 순간, 아이의 귀가 열리고 마음은 더 크게 열린다. 아이를 올바르게 훈육하고자 하는 엄마의 목적이 달성될 가능성 또한 그만큼 높아진다.

공포영화 개봉을 앞두고 한 포털사이트의 영화 커뮤니티에서 설문조사를 실시했다. '영화 속 잔혹한 살인마보다 더 무서운 당신의 주변 인물은 누구인가?' 하는 것이 질문이었다. 과연 결과는 어떤 사람이었을까?

놀랍게도 1위는 '잔소리하는 엄마'였다. 정확한 수치로는 잔소리하는 엄마가 총 38%를 차지했다. 즉 열 명 중 네 명이 잔소리하는 엄마를 꼽은 것이다. 잔혹한 살인마보다 무서운 것이 잔소리하는 엄마라니. 잔소리가 이처럼 무섭다.

300% 효과 보장! 유머로 하는 잔소리

아이를 키우다 보면 잔소리가 저절로 나올 때가 있다. 엄마도 감정을 가진 사람이다 보니 아이가 같은 잘못을 되풀이하는 것을 보면 무작정 꾹 참고 있기가 힘들다. 참는 것만이 능사가 아닐 수도 있다. 자칫 잘못하면 화병이 든다. 이럴 때 잔소리 대신 유머를 사용해보면 어떨까?

형제자매끼리 싸울 때, "사이좋게 지내야 한다고 했어, 안 했어? 엄마 간다. 하나 둘 셋!" 하고 빽 소리를 지르기보다 "어이구, 내 강아지들! 애들은 싸우면서 큰다는데, 키 하나는 쑥쑥 잘 크겠네"라고 해보자.

공부는 하지 않고 멋 내기에만 정신 팔린 아이에게 "너무 멋있어지면 곤란한데! 지금도 우리 ○○만 보면 엄마 심장이 바운스 바운스 하는걸!" 하며 안아주자.

유머는 잔소리보다 세 배의 효과가 있다. 캘리포니아 주립대학교의 스콧 클라인Scott Kline 박사가 그것을 증명했다. 클라인 박사는 유머의 설득 효과에 대해 알아보기 위해서 화재 훈련에 참가하기를 권유하는 전단지 광고를 세 가지로 제작했다. 그리고 그 전단지를 270세대에 배포했다.

A 전단지 유머러스한 전단지
B 전단지 삽화나 그림이 그려진 덜 진지한 전단지
C 전단지 얼마나 화재 훈련이 중요한지를 글로 호소하는 전단지

그 결과 A전단지를 받은 사람 가운데 '참가하고 싶다'고 응답한 비율이 B전단지를 받은 사람의 두 배, C전단지를 받은 사람의 세 배였다. 유머는 이처럼 마음을 움직이는 중요한 키워드다.

유머로 마음을 움직인 사례는 수없이 많다.

"짐을 잘 챙기시기 바랍니다. 만약 두고 내리시려면 저희가 좋아할 만한 물건만 두고 내려주세요."

작은 규모의 저가 항공사인 남아프리카공화국의 쿨룰루 항공사의 위트 넘치는 기내 방송이다.

미국 최초의 흑인 대통령인 오바마의 미들네임은 '후세인'이다. 그와 대통령 후보로 맞섰던 존 매케인은 오바마의 미들네임을 걸고 넘어졌다. 테러리스트와 동조하는 인물이 연상된다는 것이다. 그때 오바마는 분개하는 대신 유머러스하게 응수했다.

"제게 이름을 지어주신 분은 아버지입니다. 그런데 아버지는 제가 대통령 선거에 출마할 거라고 생각하지 못하셨나봅니다."

그 뒤로 매케인의 공화당 캠프에서는 오바마 대통령의 미들네임을 공격하는 전략을 포기해야 했다.

잔소리 대신 어릿광대의 모자를 준비하라

잔소리가 터지려 할 때 차라리 아이 앞에서 어릿광대의 모자를 쓰자. 아이가 입꼬리를 올려 웃는 순간, 아이의 귀가 열리고 마음은 더 크게 열린다. 이럴 때 말을 하면 훈계의 목적 또한 달성될 가능성이 높아진다.

'난 유머에 젬병인데 어쩌지?' 싶더라도 걱정할 필요는 없다. 유머에 자신없는 부모는 많다. 그럼에도 아이들은 부모와 대화를 나눌 때면 시도 때도 없이 목젖이 보일 만큼 깔깔깔 웃어 젖힌다. 유머는 말장난에서 나오는 것이 아니라 서로에 대한 깊은 공감과 배려에서 나오기 때문이다.

정 안 되겠으면 잔소리 대신 차라리 아이를 간지럼 태워라. 웃음은 그것이 어떤 것이건 마음의 빗장을 활짝 열어젖힌다.

"요 녀석들! 자꾸 싸우면 간지럼 대마왕한테 던져줘 버릴 테다!"

어릿광대처럼 무시무시한 표정을 지으며 간지럼을 태우며 아이들과 뒹구는 순간, 잔소리가 아니라 웃음소리가 집안에 울려 퍼질 것이다.

'이야기'로 아이의 마음을 움직여라

스토리텔링 설득법

"엄마가 초등학교 5학년 때 말이야…."

논리로는 결코 사람의 마음을 움직이지 못한다. 그러나 좋은 이야기는 사람을 움직이는 힘을 가지고 있을 뿐만 아니라 '사랑의 호르몬'인 옥시토신을 분비시켜 공감을 불러온다.

아이의 잘못에 대해 A부터 Z까지 논리적으로 따지던 엄마가 마지막에 의기양양하게 묻는다.

"엄마 말이 틀렸어?"

그때 아이들의 표정은 어떤가? '그래서 뭐 어쩌라고!' '재수 없어!' 이런 표정을 짓기 십상이다. '비난이 섞인 논리'로는 사람의 마음을 움직이기 쉽지 않다. 세상에서 가장 어려운 것 중 하나가 다른 사람을 변화시키는 것이다. 아이라고 해서 예외는 아니다.

기업들이 스토리텔링으로 승부하는 이유

엄마의 말이라면 무조건 잘 따르던 아이가 어느 날부터 변하기 시작한다.

엄마 말이라면 귓등으로 듣기.
엄마 말에 반대로 하기.
엄마가 말을 시작하면 표정 굳히기.

청개구리 우화가 괜히 생겨난 것이 아니다. 그렇다면 어떻게 해야 아이의 마음을 움직일 수 있을까? 기업의 광고에서 힌트를 찾아보자.

사람들은 기본적으로 광고에 대해 거부반응을 가진다. '이러니저러니 해도 결국은 물건을 사라는 이야기잖아. 얼마나 나를 잘 설득하나 한 번 두고 보자' 하는 자세를 취하는 것이다. 아이들이 엄마의 잔소리 앞에서 보이는 반응과 크게 다르지 않다. 이런 소비자들을 설득하기 위해 최근 들어 기업들이 가장 많이 사용하는 방법이 바로 '스토리텔링'이다.

세계적인 브랜드인 스타벅스는 그 자체로 '스토리텔링'이다. 허먼 멜빌Herman Melville의 소설 『모비딕Moby Dick』에서 커피를 좋아하는 일등항해사의 이름을 따왔다는 브랜드의 탄생 이야기부터 사이렌이 그려져 있는 로고는 물론이고 때마다 판매하는 기획 상품까지 모두 스토리텔링으로 포장되어 있다.

아이폰은 또 어떤가? 스티브 잡스의 개인사와 죽음, 애플 마니아들이 브랜드에 가지는 애착 스토리가 소비자와 공감한다. 스토리텔링에는 상대를 설득해내는 힘이 있는 것이다.

아이에게 스토리텔링하라

미국 프리스턴 대학교 심리학과의 유리 해슨Uri Hasson 교수는 '이야기를 듣는 사람의 뇌 활동이 이야기를 하는 사람의 뇌 활동과 같아진다'는 사실을 밝혀냈다. 이야기가 사람들을 하나로 묶어 동일한 정체성을 갖도록 한다는 것이다. 아이와 내가 동일한 정체성을 갖게 된다면, 그만큼 갈등 또한 줄어들지 않겠는가?

또한 이야기로 소통을 하는 것만으로도 '사랑의 호르몬'이라고 불리는 옥시토신의 분비가 활발해진다. 이는 미국 클레어몬트 대학교 신경과학과 폴 잭Paul Zak 교수가 밝혀낸 연구결과다.

"너도 알다시피 엄마가 수술을 해서 널 낳았잖아. 수술하면 보통은 2~3일
은 지나야 걸을 수 있는데 네가 너무 보고 싶어서 도저히 참을 수가 없는
거야. 그래서 다음 날 링거에 소변 주머니까지 주렁주렁 달고 엉금엉금

기어서 신생아실까지 갔었어. 그리고 너와 처음으로 마주한 순간! 와! 엄마는 지금도 그 감동을 잊을 수가 없어. 그때 기도했지. '저 아이가 훌륭한 사람으로 성장하게 도와주세요'라고."

이처럼 아이가 기억하지 못하는 갓난아기 시절의 이야기도 좋고, 엄마의 어릴 적 이야기도 훌륭한 이야깃거리다.

"엄마가 초등학교 5학년 때 있었던 일인데, 한번 들어볼래? 조금 부끄러운 이야기이긴 하지만…"

'엄마 어렸을 때는 간식이 얼마나 귀했는지 아냐'는 둥의 설교식 스토리만 아니면 된다. 이야기를 하고 또 듣는 과정에서 '사랑의 호르몬'까지 분비된다니 이야기의 힘을 적극적으로 활용해볼 일이다.

아이의 기대를 배신하라

기대치 위반 효과

'와, 엄마가 진짜 화났구나!'

'엄마는 잔소리를 안 해'라는 아이의 기대를 배신하는 한 번의 훈육이 백 마디의 잔소리보다 낫다. 사소한 잘못은 한쪽 눈을 감고, 반드시 훈육이 필요한 경우에는 짧고 분명하게 말하자.

"휴대폰 좀 그만 해! 너 숙제는 다 했어?"

주말, 아이가 방에서 하루 종일 휴대폰만 하고 있다.

"휴대폰 그만 하랬지! 왜 이렇게 말을 안 들어?"

들은 척도 하지 않고 휴대폰을 계속하는 아이를 보며 엄마는 속이 터진다.

"너한테 말하느니 차라리 쇠귀에 경을 읊는 게 낫겠다. 당장 휴대폰 내놔!"

휴대폰을 두고 엄마와 옥신각신 하던 아이가 결국 휴대폰을 들고 현관 밖으로 나가버린다. 현관문을 어찌나 거세게 닫았는지 집이 흔들릴 지경이다.

"저 녀석이!"

아이에게 무시를 당했다는 생각에 따라나서려는 아내를 남편이 말린다. 여태 아이와 실랑이하는 것을 보면서도 묵묵히 듣고만 있던 남편이었다.

"내가 나가볼게."

그렇게 남편과 아이가 밖으로 나가고 한 30분쯤 지났을까? 아빠와 함께 들어온 아이가 "엄마 아까는 미안해요. 앞으로 공부할 때는 엄마한테 맡겨 놓을 테니까, 저 공부 끝나면 다시 주세요" 하며 휴대폰을 내놓는다.

엄마는 갑자기 어안이 벙벙해진다.

'내 말은 들은 척도 않더니, 아빠 말만 들어? 나를 무시하나? 역시 아이에게는 아빠의 권위가 먹히는 건가?'

왜 엄마의 말은 안 먹히고, 아빠의 말은 먹힌 걸까? 그 이유는 바로 기대치 위반 효과 때문이다.

아, 깜짝이야!

말 잘 듣고 믿음직스러운 맏이가 어쩌다 한 번 잘못된 행동을 하면 크게 혼을 내다가도, 어리고 부족해 보이는 막내가 조금만 예쁜 행동을 하면 감격하는 엄마들이 있다. 이것이 바로 '기대치 위반 효과'다. 기대에 어긋나는 행동이 불러오는 일종의 놀람 효과라고 보면 된다.

잔소리가 심한 엄마의 말은 아이들이 '또 잔소리 시작이야!'라고만 받아들인다. 하지만 자신의 행동에 거의 간섭을 하지 않던 엄마가 정말 꼭 필요한 지점에서 따끔하게 한마디하면 귀가 쫑긋 선다.

'와, 엄마가 진짜 화났구나!'

기대치 위반 효과, 즉 아이를 깜짝 놀라게 해서 긴장감을 불러일으키는 것이다. 이것이 천 번, 만 번의 잔소리 욕구를 참아야 하는 이유 가운데 하나다.

아버지의 말을 듣고 순순히 휴대폰을 엄마에게 내놓은 앞의 사례도 마찬가지다. 생전 잔소리를 하지 않던 아버지가 잘못을 지적하자 아이가 귀를 기울인 것이다.

짧고 굵은 훈육

아이에게 잔소리를 하는 이유는 아이가 바르게 자라기를 바라기 때문이다. 그런데 이런 목적과 의도가 아이에게 전혀 전달되지 않는다면 그야말로 안 하느니만 못한 것 아니겠는가?

엄마의 말을 소음으로 듣기 시작하는 순간부터 아이와의 관계는 물론이고 아이가 바르게 자라기를 바라는 부모의 기대 또한 멀어진다.

아이의 사소한 잘못은 그냥 한쪽 눈을 감자. 누군가의 목숨이 걸린 일도 아니고 아이의 인생이 걸린 일도 아니지 않는가? 성장하면서 저절로 고쳐지는 단점들도 많다. 아이들도 경험을 통해 배워 나가기 때문이다.

그러나 아이의 인생이 걸린 문제라는 판단이 설 때, 이 일을 지금 바로잡지 않으면 큰 문제가 될 것이라는 확신이 설 때는 단호하고 짧고 분명하게 훈육해야 한다.

'우리 엄마는 잔소리를 안 해'라는 아이의 기대를 배신하는 한 번의 훈육이 백 마디의 잔소리보다 더 효과적이다.

3장

아이의 자율성을 성장시키려면,
어떻게 말해야 할까?

Preview Summary

아이를 '주인'으로 키우고 있는가? 스스로의 선택으로 자신의 행동을 결정한다면 아이는 '주인'
이다. 그러나 외부의 힘에 의해 결정되고 그것에 따라야 한다면 아이는 '하인'일 뿐이다.

엄마들은 이중적이다. 아이가 모든 것을 스스로 알아서 하기를 원
하면서도, 한편으로는 자신의 말을 잘 듣기를 바란다.

"엄마가 언제까지 네 뒤치다꺼리를 해야 하는 거야? 이제는 네가 좀 알
아서 해!"

이렇게 말해놓고는 돌아서서 이렇게 말한다.

"엄마가 하라는 대로 좀 해! 엄마 말 들으면 자다가도 떡이 생긴다는 말,
몰라?"

이쯤 되면 아이들도 헷갈리기 시작한다. 도대체 어느 장단에 춤
을 추란 거야?

혹시 '로봇'을 키우고 있지는 않은가?

엄마들의 앞뒤가 다른 말에는 나름의 이유가 있다. 그냥 알아서 해서는 안 되고, 알아서 '잘' 해야 한다. 엄마가 가진 기준에 맞지 않으면 당장 자율성을 박탈한다. "에이그, 네가 하는 일이 다 그렇지! 엄마가 시키는 거나 잘 해"라며 아이의 기를 팍 꺾어놓는다.

아이가 제대로 못하는 것은 너무나 당연하다. 세상 모든 일이 그렇듯이 자율성 또한 훈련이기 때문이다. 스스로 무언가를 결정하고 그 결정에 따라 움직인 경험이 별로 없는 아이가 처음부터 '잘' 하기를 기대하는 것은 이제 막 걸음마를 뗀 아이에게 달리지 못한다고 나무라는 것과 같다.

아이가 걸음마를 시작하기 전에 몇 번쯤 넘어지는지 혹시 아는가? 대략 2천 번 정도라고 한다. 바꿔 말하면 2천 번의 실패를 경험하는 것이다. 그럼에도 이 시기의 아기를 나무라는 사람은 없다. 넘어지면 달려가 일으켜줄지언정 대신 걸어주겠다며 아이를 주저앉히는 부모도 없다.

그러나 어느 순간부터 많은 부모가 아이에게 실패의 경험을 용납하지 않는다. 실패하지 않도록 A부터 Z까지 모두 엄마가 결정하고 그 방향대로만 걷도록 강요한다. 입력한 대로만 말하고 움직이는 로봇이 따로 없다.

"애가 정말 착하고 순해요. 제 말도 잘 듣고요."

말 잘 듣는 아이를 자랑스러워하는 엄마들이 많다. 하지만 꺼진 불만 다시 볼 것이 아니다. 말 잘 듣는 착한 내 아이, 다시 한 번 돌아봐야 한다.

동기심리학자 리처드 드샴Richard DeCharms은 얼마나 자신을 행동의 주체로 생각하느냐에 따라 삶의 질이 달라진다고 말했다. 로체스터 대학교 사회심리학 교수인 에드워드 데시Edward Deci는 인간이 자율성의 욕구를 충족하지 못하면 식욕을 충족하지 못했을 때처럼 행복감이 낮아지고 다양한 부적응 결과가 나타난다고 말했다.

'지랄 총량의 법칙'이라는 것이 있다. 김두식 교수가 자신의 책 『불편해도 괜찮아』에 쓴 말이다. 끊임없는 통제로 식욕과도 같은 자율성이 억압될 때, 언젠가는 그 에너지가 폭발한다. 한 번도 훈련받은 적 없는 자율성은 방종을 넘어 걷잡을 수 없는 불길이 될 수도 있다.

자율성, 훈련이 필요하다

많은 부모가 아이를 훈육하기 위해 통제의 방법을 사용한다. 감시하고 평가하고 목표를 제시하며 '이거 하면 이거 줄게' 식으로 보상을 하거나, 때로는 위협하기도 한다.

하지만 통제의 결과가 신통치 않을 때가 더 많다. 당장은 효과가 있는 것 같아도 결국은 부작용이 발생한다. 본능이 억압되었기 때문이다.

아이는 물론이고 누구나 스스로 선택한 일에서 최고의 능력을 발휘하게 된다. 여기서 선택의 핵심은 자율성이다. 그리고 자율성은 '훈련'이 필요하다. 식욕이라는 본능을 해결하기 위해 사냥 기술을 훈련하는 아기 사자처럼.

드샴은 스스로의 선택에 의해 자신의 행동이 결정된다고 보는 사람을 '주인'이라고 하고, 외부의 힘에 의해 결정된다고 생각하는 사람을 '하인'이라고 했다. 내 아이를 '주인'으로 키우고 싶다면 통제 대신 자율성을 훈련시켜야 한다.

아이에게 결정의 경험을 허락하라

자기결정 이론

"아빠, 엄마는 너의 선택을 믿어."

사람은 자기결정권이 보장될 때 최고의 능력을 발휘한다. 때로는 아이가 스스로 선택한 일에서
실패를 경험할 수도 있지만 그것이 성장의 디딤돌이 되도록 도와주어야 하는 것이 부모다.

"그 친구와 놀지 말라고 했어, 안 했어? 엄마가 친구를 잘 사귀어야 한
다고 했잖아!"

"모래 놀이 하지 말랬지!"

"엄마가 이 옷 입으랬잖아!"

사귈 친구도, 놀이터에서의 놀이도, 하다못해 외출복마저도 일
일이 간섭하고 대신 선택해주는 엄마들이 있다. 자신의 결정에 따
르지 않는 걸 참지 못해 아이에게 화를 내며 "왜 이렇게 말을 안
듣느냐"며 몰아세운다.

이런 엄마들의 아이가 미래에 공통적으로 갖게 되는 문제가 있다. 바로 결정 능력의 상실이다.

아이를 헛똑똑이로 키우는 방법

언제부터인가 '결정장애'라는 말이 유행처럼 자주 들리기 시작했다. 그 원인으로 정보의 범람 등 여러 가지 문제가 거론되고 있지만 더 근본적인 원인은 '결정을 해본 경험의 부족'을 꼽지 않을 수 없다.

결정은 기본적으로 다른 선택지의 포기를 동반한다. 그런데 그 선택지의 포기가 가져올 상실감이 두렵다. '이것을 선택하기로 했는데, 다른 것이 더 좋으면 어떡하지?'라는 생각이 매번 결정을 망설이게 한다.

결정은 때로 위험을 동반하기도 한다. 이것을 선택했다가 실패하면 돌이킬 수 없을지도 모른다는 불안감이 매 순간 든다면 '결정'은 그야말로 자유가 아니라 고통이 된다.

또한 결정을 할 때 다른 사람의 기대를 생각하지 않을 수 없다. '괜히 이걸 선택했다가 다른 사람이 싫어하면 어떻게 하지?'라는 생각이 습관처럼 반복되면 더더욱 결정이 어려울 수밖에 없다.

더욱이 자라는 동안 결정의 경험을 제대로 해본 적이 없으니 단순한 어려움을 넘어 장애가 될 수밖에 없다. 선택 과정에서 빚어지는 고민을 해결하는 능력도 없고, 부모를 포함한 주위 사람들의 잔소리나 실망까지 덤으로 껴안아야 하니 차라리 '나의 결정권'을 포기하는 것이 마음 편한 것이다. 부모가 아이를 '헛똑똑이'로 키우는 방법은 이처럼 간단하다.

　'사람은 태어날 때부터 스스로 선택하고 결정할 능력을 갖고 있으며, 스스로 선택한 일에서 최고의 능력을 발휘한다.'

　40여 년간 인간 행동과 동기의 관계에 대해 연구해온 로체스터대학교 사회심리학과 애드워드 데시Edward Deci 교수의 자기결정이론이다. 이 말을 다르게 표현하면, 스스로 선택하지 못하게 되면 태어날 때부터 가지고 있던 아이의 능력 또한 사라짐을 의미한다.

선택에 따른 실패를 성장의 디딤돌로 삼도록

데시 교수는 자율성과 함께 유능성, 관계성을 기본적인 인간 심리의 욕구로 봤는데, 와튼스쿨의 교수인 케빈 워바흐Kevin Werbach는 아이들이 게임에 빠지는 이유를 데시의 이론으로 설명한다.

　아무도 강요하는 사람 없이 내가 선택했기 때문에 자율성이 보장되고 게임에 도전해 성공하면 유능성을 맛보게 되며 나의 성취를 친구들과 공유하니 관계성도 만족시킨다는 것이다.

"아이가 게임 중독인 것 같아요. 새벽에 몰래 이불을 뒤집어쓰고 핸드폰으로 게임을 하고 있더라니까요."

이렇게 말하는 엄마들은 다시 한 번 곰곰이 돌아봐야 한다. 혹시 아이에게서 '자율성'을 빼앗은 결과가 아닌지. 아이가 엄마로부터 유능함을 인정받아본 적도 없고, 친구들과의 관계도 삐걱거리고 있는 것은 아닌지.

영화 〈토이 스토리〉 〈몬스터 주식회사〉 등으로 유명한 픽사PIXAR의 제1경영원칙은 상명하달식 의사결정을 하지 않는 것이라고 한다. CEO 에드윈 캣멀Edwin Catmull은 "픽사의 직원들은 결정을 할 때 누구에게도 허락을 받지 않는다. 관리의 역할은 리스크를 회피하는 것이 아니라 실패했을 때 회복할 수 있는 능력을 키우는 것이다"라고 말한다.

부모의 역할 또한 선택에 따른 리스크를 아이가 회피하도록 하는 것이 아니라 아이가 실패의 경험마저도 디딤돌로 삼을 수 있도록 도와주는 것이 아닐까?

"엄마는 너의 선택을 믿어. 물론 네 선택이 때로 실패할 수도 있겠지만, 그건 너만 그런 것이 아니라 누구나 그런 거니까 혹시라도 실패했을 때 혼자 힘들어 하진 마. 엄마 아빠는 언제나 네 편이야."

자율성의 근육을 키워가는 첫걸음

선택의 힘

"밥부터 먹을래? 목욕부터 할래?"

자율성은 근육이다. 훈련을 반복해 근육이 강화되면 운동을 잘하게 되는 것처럼 자율성도 마찬가지다. 부모는 성공의 순간에 함께 기뻐하고 실패의 순간에 아낌없는 격려만 해주면 된다.

아이들은 걸음마를 떼는 순간부터 자율성이 싹 트기 시작한다. 그러나 줄기를 세우고 꽃을 피울 기회가 좀처럼 오지 않는다.

"옷 더럽히잖아. 엄마가 해줄게."

"위험해! 하지 마!"

"그림책 세 권 읽어야 놀이터 보내줄 거야. 엄마가 내용 물어볼 거니까 꼼꼼하게 읽어."

이처럼 자율성이 꺾이는 상황이 끊임없이 반복되기 때문이다.

"아직은 어리잖아요. 초등학교에만 들어가면 그때부터는 서서히 손을 떼려고요."

엄마들은 이렇게 말한다. 하지만 아이가 초등학교에 가서도, 중학교와 고등학교에 가서도, 또는 스무 살이 넘어 성인이 되어도 그런 기적은 일어나지 않는다. 말라죽은 싹에서 줄기가 자랄 리 만무하듯이.

시키지 않으면 아무것도 하지 않는 아이들

이렇게 자란 아이들은 엄마가 하나부터 열까지 '이거 해라, 저거 해라' 하지 않으면 아무것도 하지 않으려고 한다. 자율성에는 필연적으로 용기와 도전, 책임이 뒤따른다. 안전하고 편안한 '의존'에 길들여진 아이들이 굳이 그것을 감당해야 할 이유가 없다.

의존의 안전함에 익숙해진 아이는 성장해서도 부모에게 의지한다. 소위 말하는 캥거루족이 되는 것이다. 도대체 우리 애는 언제쯤 독립할까, 한탄하기 전에 지금이라도 자율성 훈련을 시작해야 한다. 자율성 또한 근육이기 때문이다.

운동을 처음 시작할 때는 몸놀림이 어색하지만 훈련을 반복해 근육이 강화되면 운동을 잘하게 되는 것처럼 자율성도 마찬가지다. 그리고 초보자의 운동법과 프로 선수의 운동법이 다른 것처럼 자녀의 자율성을 길러줄 때도 차근차근 단계를 밟아야 한다.

시작은 미약하더라도

자율성을 키우겠다고 처음부터 "이제부터 네가 다 알아서 해"라고 말하는 것은 곤란하다. 성인도 너무 많은 선택지가 주어지면 판단력이 흐려질 위험성이 있다. 이것을 '선택의 역설'이라고 하는데, 컬럼비아 대학교 비즈니스스쿨 쉬나 아이엔가Sheena Iyengar 교수의 슈퍼마켓 잼 판매 실험이 유명하다. 24가지 종류의 잼을 시식하도록 했을 때는 시식한 사람의 3%만이 구매했지만 6가지 종류를 맛보게 했을 때는 30%가 구매했다는 것이다.

"내일 소풍가는 날이네? 도시락으로 김밥이 좋아? 샌드위치가 좋아?"
"밥부터 먹을래? 목욕부터 할래?"
"피아노를 배우고 싶니? 태권도를 배우고 싶니?"

이처럼 두 개의 선택지로 시작하면 된다. 가능한 한 모든 것에 이런 선택지를 제시해보자. 겨우 두 개 가운데 하나를 선택하는 것뿐이지만 효과는 크다. 자신의 행위가 자기 의지에서 나왔다고 생각하게 되기 때문이다. 그 자체만으로도 의욕이 달라진다.

물론 계속해서 '선택의 역설'만을 고려할 수는 없다. 자율성의 근력이 커지고 성숙해감에 따라 선택의 폭과 내용 또한 확대해가야 한다. 부모는 아이의 인생에서 성공의 순간에 함께 기뻐하고 실패의 순간에 아낌없이 격려를 해주면 된다. 그러다 보면 어느 순간 자기 할 일을 스스로 판단하고 선택하고 실천하는 자녀의 든든한 모습을 마주하게 될 것이다.

아이가 스스로 동기를 부여하게 하라

내적 동기

"엄마는 네 판단을 지지해."

자신에 대한 명확한 기대를 갖게 하고, 적절한 도전의식을 갖게 하며, 어디까지 향상되고 있는지 피드백을 해주는 것. 아이의 내적동기를 일으키는 부모의 세 가지 행동강령이다.

"이번 시험에 백점 맞으면 네가 원하는 휴대폰으로 바꿔줄게."

잘하면 상을 주고, 못하면 벌을 주는 것. 우리에게 너무나도 익숙한 행동강화법이다.

"조금만 더 공부하자. 응? 어구구, 우리 ○○ 예쁘지. 얼마나 착한지, 엄마 말도 정말 잘 들어요."

어떻게든 아이를 움직이기 위해서 엉덩이를 토닥이며 달래는 방법도 엄마들이 많이 사용한다. 하지만 보상을 걸어 강요를 하거나 달래는 방법은 그 효력이 오래가지 못한다.

하던 짓도 멍석 깔아주면 안 한다

로체스터 대학교 교수인 에드워드 데시Edward Deci와 리처드 라이언Richard Ryan이 대학생을 두 그룹으로 나눠 '소마Soma 퍼즐 실험'을 진행했다.

A그룹에는 퍼즐을 맞춰 형상 하나를 완성할 때마다 1달러씩 주기로 했고, B그룹에는 아무런 보상을 하지 않았다. 그 결과, 아무런 보상 없이 퍼즐 맞추기를 한 B그룹이 몰입도, 창의성, 문제 해결력 측면에서 A그룹보다 더 높은 점수를 얻었다. 이뿐만 아니라 B그룹은 실험 종료 후에 실험 진행자를 기다리는 동안에도 퍼즐 맞추기를 계속했다. 반면 1달러씩 돈을 받던 A그룹은 보상을 없애자 곧 흥미를 잃어버렸다.

소마 퍼즐은 서로 다른 블록 일곱 개를 조합해 수천 가지의 형상을 만들 수 있는 게임이다. 한마디로 재미있는 놀거리라는 이야기다. 그런데 이 놀이마저도 누군가(또는 1달러의 돈)의 강요에 의해서 하느냐, 그렇지 않으냐에 따라 결과가 달라진 것이다. 하던 짓도 멍석 깔아주면 안 한다는 옛 속담이 딱 맞아떨어진 셈이다.

동기부여에서 핵심은 자기 자신이 장기짝이 되는 것이 아니라 '자기 행동의 원천'이 되고 싶다는 욕망이다.

아이들 스스로 동기를 부여할 수 있는 조건

"그렇다면 아이에게 동기를 부여하기 위해 어떻게 해야 하나요?" 많은 부모가 이렇게 묻는다. 그러나 데시 교수는 『마음의 작동법 Why we do what we do』이라는 책에서 내적 동기를 작동시키기 위해서는 질문을 바꿔야 한다고 말한다. 어떻게 하면 남들에게 동기를 부여할 수 있느냐가 아니라 "어떻게 해야 사람들이 스스로 동기를 부여할 수 있는 조건을 만들 수 있는가"라고 물어야 한다는 것이다.

그러면서 동기를 부여할 수 있는 세 가지 조건으로 '자신에 대한 명확한 기대를 갖게 하는 것' '적절한 도전의식을 갖게 하는 것' '자신이 어디까지 향상되고 있는지에 대한 피드백을 해주는 것'을 제시한다.

"너는 어떤 사람이 되고 싶니?"

"이 일을 했을 때와 하지 않았을 때 결과가 어떻게 될 것 같니?"

"네가 원하는 목표는 뭐니?"

이런 질문들로 아이 스스로 자신에 대한 명확한 기대를 갖게 하자. 그리고 아이가 가진 결정의 힘, 성장을 향한 인간 본연의 의지를 믿어주자.

"넌 분명 네가 원하는 사람이 될 수 있을 거야."
"엄마는 네 판단을 지지해."

누군가 나를 믿어주면 도전의식은 저절로 자극된다.

"노력하는 네 모습이 아주 보기 좋구나."
"실력이 늘고 있는 게 눈에 보이는걸."
"잘 하고 있구나! 엄마 도움이 필요하면 언제든 이야기해."

마지막으로 이처럼 적절한 격려와 지지의 피드백으로 아이를 북돋워주자. 내적동기를 높이는 대화법의 시작은 부모의 속도에 맞춰 자녀의 속도를 끌어당기는 것이 아니라 자녀의 속도에 맞춰 부모의 속도를 조절하는 것이다. 그리고 자녀의 내적동기를 믿어주는 것이다. 통제하기를 멈춰야 아이가 성장한다.

실패와 실수를 두려워하는 아이

부작위 편향

"괜찮아. 다시 해보면 돼."

'하고 나서 엄마한테 싫은 소리 듣느니 안 하고 한소리 듣고 말지.' 혹시 아이가 이런 생각을 하고 있지는 않은가? 실패와 실수에 대한 두려움 없이 당당히 도전할 때 아이는 성장한다.

"나, 이 문제집 안 풀래! 대신 이거 풀면 안 돼?"

아이가 밀어낸 문제집은 응용·심화 문제집이고, 다시 집어든 문제집은 기본적인 내용이 담긴 문제집이다.

"그 문제집은 안 돼! 수학은 응용·심화 문제집을 꼭 풀어야 한다고 했잖아. 그래야 나중에 시험에서 어려운 문제가 나왔을 때 풀수 있어!"

"싫어! 난 이 문제집 풀 거야!"

이때부터 아이와 엄마의 실랑이가 시작된다. 아이는 왜 응용·심화 문제집을 풀지 않으려는 걸까?

물론 응용·심화 문제집을 풀기에는 사고력이 부족하거나 기본 실력이 탄탄하지 않을 수도 있지만 다른 이유가 있을 수도 있다. 바로 실패에 대한 두려움이다.

가만히 있으면 중간은 간다?

펜실베이니아 대학교의 심리학자 조너선 배런Jonathan Baron은 실패에 대한 두려움을 '부작위편향'이라는 개념으로 설명했다. 그는 실험 참가자들에게 세 살 이하의 자녀가 있다고 가정하게 한 후, 예방접종 여부를 묻는 질문으로 이 개념을 증명했다.

'인플루엔자가 창궐했다. 특히 세 살 이하의 어린이에게 치명적이어서 만 명 가운데 열 명이 죽는다. 물론 예방접종이 가능한데, 다만 부작용으로 만 명 가운데 다섯 명이 죽을 수도 있다. 당신이라면 아이에게 예방접종을 하겠는가?'

이 질문을 받은 대부분의 참가자는 예방접종을 하지 않는 쪽을 선택했다. 물론 확률로 따지면 예방접종을 하는 것이 더 안전하다. 그러나 사람들은 만의 하나라도 접종을 해서 문제가 발생했을 경우의 두려움을 더 크게 느낀다는 것이다. 이처럼 무언가를 해서 손실을 입느니, 안 해서 발생하는 손실을 감당하겠다는 것이 부작위편향이다.

축구의 패널티킥에서도 마찬가지다. 패널티킥에서 거의 100% 의 성공 가능성을 가진 골인 지점은 골대의 상단 구석으로 차는 것이다. 이는 과학적으로도 증명이 된 사실이다. 그런데도 대부분 키커는 상단 구석으로 공을 차지 않는다. 실축을 해서 공이 골대 를 벗어나는 바람에 '축구선수가 공도 제대로 못 차느냐'라는 비 난을 듣느니 차라리 키퍼의 선방에 막혔다는 이야기를 듣는 것이 더 낫다고 판단하기 때문이다.

무조건적 칭찬과 잦은 비난은 족쇄다

아이들도 마찬가지다. 무언가를 해서 엄마에게 싫은 소리를 듣느 니, 차라리 안 해서 한소리 듣는 것의 손실을 더 작게 느끼는 것이 다. 특히 무조건적인 칭찬에 길들여진 아이, 잦은 비난에 지친 아 이가 그렇다.

아이들은 부모가 자신을 어떻게 생각하는지에 따라 자신의 가 치를 평가한다. 무조건적 칭찬에 익숙한 아이들은 칭찬을 받지 않 으면 부모가 자신에게 실망했다고 생각한다. 툭하면 비난 섞인 잔 소리를 듣는 아이들은 부모가 자신을 사랑하지 않는다고 느낀다. 그리고 이러한 믿음은 결국 실패에 대한 두려움이 된다.

"괜찮아. 다시 해보면 돼."

"처음부터 잘하는 사람은 없어. 애디슨도 전구를 발명할 때까지 수도 없이 실패했대."

"네가 하고 싶은 것에 도전해봐. 아무것도 하지 않는 것보다 실패하더라도 시도하는 것이 엄마는 더 멋있는 일이라고 생각해."

"엄마는 언제나 너를 사랑하며 너의 도전과 노력, 꾸준한 성장이 자랑스럽다"고 표현할 때 아이들은 자신에 대한 믿음을 갖게 된다.

아이 스스로 답을 '말'하게 하라

소크라테스 효과

"숙제를 먼저 하고 놀면 어떤 점이 좋을까?"

아이들은 이미 정답을 알고 있다. 당장 눈앞의 욕구 때문에 모른 척할 뿐이다. 아이가 지혜롭고 자율적으로 성장하기를 바라는가? 그렇다면 소크라테스가 그랬듯이 질문을 던져주라.

학교에서 돌아오자마자 놀이터에서 놀 거라며 가방을 던져놓고 현관으로 달려나가는 아이에게 엄마가 소리친다.

"숙제부터 하고 놀라고 했지!"

그러면서 대개는 2절, 3절까지 말을 이어가게 된다. 지난번에도 놀이터에서 놀다가 저녁 먹고 숙제를 시작하는 바람에 자정이 다 되어서 숙제를 끝마치지 않았느냐, 숙제를 잘 해가야 선생님께 예쁨 받을 수 있다, 학교 갔다 와서 숙제부터 해야 착한 아이다 등등 왜 숙제를 먼저 하고 놀아야 하는지 그 이유를 구구절절 읊게 되는 것이다. 문제는 그래봐야 아이는 '엄마 잔소리, 또 시작이다'라고 생각할 가능성이 높다.

이럴 때 엄마는 잔소리를 하지 않아서 좋고, 아이는 자율성이 커져서 좋은 방법이 있다. 바로 '질문하기'다.

훈육을 듣는 뇌, 질문을 받은 뇌

생각해보자. "숙제부터 하고 놀라고 했지!"라는 엄마의 말을 들었을 때 아이의 머릿속에는 어떤 생각이 떠오를까? '맞아. 엄마가 늘 숙제부터 하고 놀라고 했지. 엄마 말대로 해야겠다'라고 생각하는 아이, 과연 몇 명이나 될까?

'역시, 가방을 갖다 놓으러 집에 오는 게 아니었어. 다음부터는 놀이터 옆에 가방을 던져놓고 놀다가 들어와야지'라고 잔꾀를 부리거나 '숙제 다 끝나면 한밤중일 텐데 도대체 언제 놀라는 거야?'라고 부루퉁해지기 십상이다. 엄마가 하는 '옳은 소리'는 아이에게 또다시 잔소리가 될 뿐이다. 들은 척도 하지 않거나, 무시하거나, 흘려듣는다.

그러나 말투를 바꿔 질문을 하면 뇌의 움직임이 달라진다. 흘려듣고 싶어도 흘려들을 수 없다. 질문을 듣는 순간 그 질문을 처리하고 답을 찾기 위해 우리 뇌가 본능적으로 분주히 움직이며 나름의 답을 찾는다.

"숙제부터 하고 놀면 뭐가 좋을까?"라고 물으면 아이는 생각을 하기 시작한다. '숙제하고 놀면 좋은 점이 있나? 있으니까 엄마가 물었겠지? 그런데 뭐가 좋지? 밤늦게까지 숙제 안 해도 돼서 좋은가? 사실 어제도 놀이터에서 놀다가 오는 바람에 숙제하는 동안 졸음이 쏟아져서 힘들었잖아. 일찍 숙제를 끝내면 엄마가 칭찬해주니까, 그것도 좋은 점이네.'

아이가 '자율'을 낳도록 도와주는 질문하기

아이가 뭘 몰라서 잘못된 선택을 한다고 생각하는가? 그렇지 않다. 아이들은 이미 답을 알고 있다. 당장 눈앞의 욕구 때문에 모른 척할 뿐이다. 아이들과 이야기를 해보라. 네다섯 살만 되어도 자기 나름의 논리가 꽤나 정연하다.

더욱이 인간은 자기 논리의 일관성을 유지하려고 한다. 심리학자 레온 페스팅거Leon Festinger의 인지 부조화 이론에 따르면 사람은 신념과 행동 간의 불일치를 깨닫게 되면 불편한 심리를 갖게 되기 때문에 논리와 행동의 일관성을 추구한다는 것이다.

만약 아이 스스로 "학교 갔다 오자마자 숙제를 하는 것이 이런 저런 점에서 좋아요"라고 답을 했다면 그 이후 아이는 스스로 자신의 신념에 따라 행동하기 위해 노력을 하게 된다는 이야기다. 아이 스스로 좋은 신념을 갖도록 돕는 것, 그리고 자기 논리의 일관성을 지키기 위해 과도한 욕구를 자제하는 힘을 길러주는 것이 바로 '질문하기'의 효과다.

질문하기의 효과를 가장 잘 활용한 사람은 소크라테스다. 그는 제자들에게 직접 지식을 전수해주는 대신 질문하기를 통해 막연하고 불확실한 지식을 진정한 개념으로 발전시켜 나가도록 유도한 것으로 유명하다. 소크라테스는 자신의 교수법을 '산파술'이라고 불렀는데, 자신은 제자가 지혜를 낳도록 도와줄 수 있을 뿐 직접 지혜를 낳아줄 수는 없다는 의미를 담고 있다.

아이가 지혜롭게 자라기를 바라는가? 자발적으로 태도를 변화시켜 나가기를 바라는가? 자율적으로 성장하기를 바라는가? 그렇다면 아이 스스로 좋은 신념을 가질 수 있도록 질문을 하자.

약속을 지키는 엄마, 자율성이 자라는 아이

변형 마시멜로 효과

"엄마는 약속을 반드시 지켜."

아이와의 약속을 대수롭지 않게 생각하는 부모들이 의외로 많다. 아무리 사소한 것이라도 아이와 약속한 것은 반드시 지켜야 한다. 부모가 약속을 지킬 때 아이의 자율성은 성장한다.

다이어트를 우리말로 바꾸면? 정답은 '내일부터'다. 아재개그를 하나 더 해보자. 엄마와 아이의 약속을 세 글자로 줄이면 뭐가 될까? 혹시 '다음에'는 아닐까?

"엄마, 저 장난감 사줘."

"다음에 사줄게."

며칠 뒤 아이가 다시 같은 장난감을 가리킨다.

"엄마, 저 장난감 사준다고 했잖아. 지금 사줘."

"다음에 사준다고 했지, 오늘 사준다고는 안 했잖아. 다음에 사줄게."

엄마와 아이 사이의 약속을 '반드시'나 '당연히'라는 세 글자로 줄일 자신이 있다면 아이의 자율성, 이미 반은 성공했다고 말할 수 있다.

변형 마시멜로 실험

스탠포드 대학교의 심리학자 월터 미쉘Walter Mischel과 연구진이 세 살에서 다섯 살 아이를 대상으로 자아통제력을 알아봤던 마시멜로 실험은 정말 유명하다. 반론이 있는 연구결과이지만 이 책에서 주목하고 싶은 것은 변형된 마시멜로 실험이다.

록펠러 대학의 키드Kidd팀은 먼저 세 살에서 다섯 살 사이의 아이들을 두 그룹으로 나눠 컵을 꾸미는 미술 작업을 할 것이라고 말하고 먼저 크레용을 준다. 그리고 조금만 기다리면 다른 꾸밈 재료도 줄 테니 기다리라고 설명한다. A그룹에게는 몇 분 후 새로운 미술 재료를 주고, B그룹의 아이들에게는 재료가 있는 줄 알았는데 없다며 약속했던 재료를 주지 않는다. 신뢰 환경과 비신뢰 환경을 만든 것이다.

그런 다음 키드팀은 이 아이들을 대상으로 고전적인 마시멜로 실험을 진행했다. 아이들 앞에 각각 마시멜로 사탕이 한 개 들어 있는 접시를 놓아두고 지금 먹으면 한 개를 먹을 수 있지만 선생님이 돌아올 때까지 먹지 않고 있으면 두 개를 주겠다고 한 것이다.

그 결과, 신뢰 환경을 경험했던 A그룹은 평균 12분을 기다렸고, 14명의 아이들 중 9명은 선생님이 돌아왔을 때까지 마시멜로를 먹지 않았다. 그러나 비신뢰 환경의 B그룹 아이들은 평균 3분을 기다렸고, 선생님이 돌아올 때까지 기다린 아이는 단 한 명이었다.

상대의 행동이 믿을 만하다는 경험을 한 아이들은 그렇지 않은 아이들보다 무려 네 배 이상을 참고 기다린 것이다.

아이와의 약속, 반드시 지켜라

아이를 키우다 보면 아이와 많은 약속을 하게 된다. 하지만 약속을 어기는 경우 또한 잦다. 그 이유를 물어보면 '바빠서, 잊어버려서' 등의 이유를 댄다. 이뿐만 아니다.

"시험공부 열심히 하면 휴대폰 바꿔줄게."

"동생과 잘 놀면 저녁에 피자 사줄게."

이처럼 '과정'이 핵심이었던 약속도 시험 점수가 좋지 않거나 동생과 마지막에 가서 싸우는 등 '결과'가 좋지 못하면 안 지키기 일쑤다. 아이에게 선택권을 주었을 때도 마찬가지다.

"숙제부터 하고 놀래? 놀고 나서 숙제할래?"

네가 선택하라는 말은 '어떤 경우에도 네 선택을 지지하겠다'는 아이와의 약속이다. 그럼에도 아이가 놀고 나서 숙제하겠다고 말하는 순간 엄마 얼굴에 실망감이 떠오른다.

'어차피 약속을 안 지킬 거면서' '어차피 내 선택을 싫어할 거면서' 비신뢰 환경은 아이들로 하여금 이런 생각을 하게 만들고 자율성, 자기통제력, 절제력 등 많은 것을 아이로부터 빼앗는다.

"엄마는 약속은 반드시 지켜. 너도 알지?"

아이에게 이렇게 말할 자신이 있는지 한번 스스로를 돌아볼 필요가 있다.

부모 울타리의 크기를 점검하라

리액턴스 효과

"자, 이제 네가 선택하기만 하면 되는구나."

아이의 넘치는 에너지를 막으면 저항만 남는다. 자유와 한계를 조율하는 것이 쉽지 않지만 부모라면 '그 어려운 일을 해내지 말입니다'라고 말할 수 있도록 노력해야 한다.

"다른 부모를 못 봐서 그런 거지, 나만큼 자유롭게 풀어주는 부모가 어디 있다고! 애가 그것도 모르고 반항하잖아요."

"마치 내가 어디까지 견딜 수 있나, 테스트를 당하는 기분이에요. 나 이거 했어, 그래서 엄마가 어쩔 건데 하는 식으로 눈치를 살살 보다가 내가 아무 소리 안 하면 한 걸음 더 나간다니까요."

독선적 부모는 자신이 독선적 부모인 줄 모르는 경우가 많다. 사실은 사사건건 간섭하고 통제하고, 늘 아이보다 열 걸음쯤 앞서 걸어가면서 넌 내가 밟은 땅만 밟으라고 하면서도 자신을 민주적인 부모라고 생각한다.

아이들이란 근본적으로 호기심과 모험심, 에너지로 똘똘 뭉쳐 있다. 부모가 밟지 않은 다른 땅에 무엇이 있는지 궁금하고, 부모보다 앞서 달려나가 세상의 모험을 즐기고 싶은 에너지로 가득 차 있는 것이 바로 아이들이다.

작은 물줄기도 막으면 거세진다

에너지는 억누를수록 더욱 커지는 속성을 갖고 있다. 미국의 심리학자 샤론 브램Saharon Brehm은 억누르고 통제할수록 더 하고 싶어지는 심리에 리액턴스reactance효과, 즉 '저항 효과'라는 이름을 붙였다.

브램은 각기 다른 높이의 벽 위에 장난감을 놓아두고 아이들의 반응을 관찰하는 실험을 진행했다. 아이들은 손쉽게 잡을 수 있는 낮은 벽 위의 장난감에는 별로 흥미를 보이지 않았다. 대신 뛰어올라도 잡을까 말까 한 높이에 놓인 장난감을 갖지 못해 안달을 했다. 그 장난감만을 만지고 싶어 하며 오랫동안 높은 벽 주위를 맴돌았던 것이다.

리액턴스라는 것은 '로미오-줄리엣 효과'라고도 한다. 로미오와 줄리엣이 사랑을 금지당한 상태가 아니었다면 죽음으로 사랑을 완성하고자 했을까?

리액턴스 효과는 무엇인가를 하면 안 된다는 제약을 받거나 반대로 반드시 해야 된다고 말을 들었을 때 나타난다. 앞서도 말했지만 자율성은 인간의 본능이기 때문에 금지될수록 더 강하게 그것을 찾고자 하는 것이다.

넓은 울타리 안에서의 똑똑한 선택

엄마들은 저항 효과에 대해서 "그렇다고 아이가 하자는 대로 무조건 놔둘 수는 없잖아요"라고 말한다.

맞는 말이다. 무조건 허용적인 부모가 좋은 부모라고 말할 수는 없다. 버클리 대학교의 아동발달전문가이자 임상심리학자인 다이애나 바움린드Diana Baumrind에 따르면 통제적이고 권위적인 부모 못지않게 아이가 원하는 대로 무조건 따라주는 부모 또한 자녀의 성공적인 발달을 막는다고 말했다. 그가 가장 이상적인 양육방식으로 꼽은 부모는 '권위가 있는 민주적인 부모'다. 아이의 자유를 존중하지만 한계는 분명하게 정해주고 스스로를 규제하고 책임질 수 있도록 하는 부모가 이 양육방식에 속한다.

자유와 한계, 이 두 개의 대조적인 개념을 교육에 자연스럽게 녹여내는 것이 사실 쉽지 않다. 한계의 울타리가 너무 좁으면 리액턴스 효과가 나타나고, 너무 넓으면 아이의 잘못된 선택을 방치하는 꼴이 된다. 그러나 그 어려운 일을 해내야 하는 것이 부모다.

리차드 탈러Richard Thaler와 캐스 선스타인Cass Sunstein은 '넛지nudge'라는 개념을 통해 자유를 침해하지 않으면서 선택을 이끄는 법을 설명하고 있다. '옆구리를 슬쩍 찌르듯'이 부드럽게 개입해 선택을 유도하란 것이다.

"시험 치느라 고생했어. 일주일 만에 준비하느라 힘들었지? 매일 조금
씩 복습을 해둔다면 시험 준비하기도 더 쉽고, 결과도 더 좋을 것 같은
데, 네 생각은 어떠니?"

아이들도 이렇게 합리적인 이유와 적절한 피드백을 받으면 수긍할 줄 안다.

한 연구에 따르면 구매의사를 묻는 것만으로도 구매율이 35% 올라간다고 한다. 아이에게 "너 모레, 영어단어 시험 친다고 했었지?"라며 슬쩍 상기만 시켜줘도 아이 스스로 행동할 가능성이 높아진다.

자율에는 책임도 따름을 가르쳐라

제로 톨러런스 원칙

"엄마가 안 된다고 했지!"

삶은 B(Birth)와 D(Death) 사이의 C(Choice)라고 한다. 자율에는 권리뿐만 아니라 결과와 책임 또한 뒤따른다는 것을 가르쳐야만 'Choice'의 힘이 더욱 공고해진다.

아이의 자율성을 키워야 한다고 말하면, 의외로 많은 부모가 '무조건적인 허용'이나 '방임에 가까운 자유'를 생각한다. 하지만 그것은 자율이 아니다. 자율성은 스스로의 원칙에 따라 어떤 일을 하는 것뿐만 아니라 스스로 통제해 절제하는 힘까지 포함하기 때문이다.

그래서 자기결정 이론의 대가인 로체스터 대학교 에드워드 데시Edward Deci 교수는 자율성 격려의 핵심은 "자신의 권리가 어디서부터 어디까지인지를 이해하게 하는 데 있다"고 강조하고 있다.

자녀와 함께 외출을 했는데, 아이 손에 플라스틱 총알이 든 장난감 총이 들려 있는 상황을 생각해보자. 아이가 길을 걸으면서 슬쩍슬쩍 길바닥이나 나무를 향해 총을 쏘아댄다.

"엄마는 네가 길에서 장난감 총을 쏘는 것이 몹시 불안하구나. 그러다가 다른 사람이 총알에 맞을 수도 있기 때문이야. 네가 계속 손에 들고 가고 싶으면 더이상 총을 쏘지 않겠다고 엄마에게 약속해야 해. 아니면 지금 엄마한테 총을 맡겨도 되고. 어떻게 하겠니? 선택은 네가 하렴."

"안 쏠게요."

"좋아." 이렇게 아이와 약속을 했지만 아이가 걷는 것이 지루해졌는지 다시 장난감 총을 쏘았다. "네가 그 장난감 총을 엄마에게 맡기는 것을 선택한 모양이구나. 이리 줘!" 아이가 장난감 총을 등 뒤로 감추며 변명을 한다. "심심해서 나도 모르게 그랬어요. 다시는 안 쏠게요."

이때 엄마는 어떻게 행동해야 할까?

권리에도 한계가 있음을 가르쳐라

깨진 유리창 이론이라는 것이 있다. 깨진 유리창 한 장을 방치하는 순간, 그것 주위로 범죄가 늘어난다는 이론이다.

1994년 뉴욕시장으로 선출된 루돌프 줄리아니Rudolf Giuliani는 이

깨진 유리창 이론을 바탕으로 범죄의 온상이었던 지하철 내의 낙서를 모두 지우도록 했다. 지워도 낙서가 다시 생겨나기는 했지만 이 과정에서 범죄율이 줄어들기 시작했다. 낙서를 지우기 시작한 지 90일 만에 범죄율이 줄어들기 시작했고, 3년 후에는 무려 80%가 줄어들었다.

이후 줄리아니 시장은 제로 톨러런스zero tolerance, 즉 무관용 원칙을 시 행정에 적용했다. 신호위반, 쓰레기 투기 같은 경범죄 단속을 통해 더 큰 범죄를 예방하는 효과를 얻은 것이다.

훈육에 있어서도 마찬가지다. 처음에는 사소한 한 번의 행동이었을 수도 있다. 하지만 이것을 한 번, 두 번 방치하다 보면 자율성과 자율에 따른 책임을 가르치겠다는 의도는 결국 흐지부지되고 만다. 처음부터 넓은 선택의 폭을 허용해주되, 자율에 따른 책임까지 분명히 가르쳐야 한다.

장남감 총 사례에서도 아이가 다시는 그러지 않겠다고 했을 때 '한 번은 봐줘도 되겠지' '아이와 실랑이하는 것도 힘들고 지친다'라는 생각이 오히려 아이의 자율성을 해친다. 앞서 부모가 아이와의 약속을 지켜야 아이의 자율성이 커진다고 말했다. 마찬가지로 아이에게도 엄마와의 약속을 지켜야 한다는 것을 가르쳐야 한다. 그래야 아이에게 엄마에 대한 신뢰가 생기고, 자신이 했던 약속을 지킬 의지가 생겨난다.

자율의 다른 얼굴, 책임

"삶은 B(Birth)와 D(Death) 사이의 C(Choice)"라는 말을 들어본 적이 있는가? 우리의 삶은 선택으로 가득 차 있다. 그리고 모든 선택은 결국 하나하나의 결과로 이어지며, 그 결과에 따른 보상은 물론이고 책임까지 기꺼이 감당하는 것이 우리의 삶이다. 아이에게 자율성을 가르치는 이유는 B와 D 사이에 있는 C의 힘을 길러주기 위해서이지만, 거기서 끝이 아니다. 자율에는 언제나 결과와 책임이 뒤따른다는 것을 가르쳐야 한다.

그러기 위해 가능하다면 아이와 함께 자율성의 한계를 설정하자. 그리고 그 한계를 넘어설 경우 빚어질 결과 또한 미리 정하거나 알려주자. 한계를 정한 것은 '너'이며, 한계를 넘어서는 것을 선택한 것도 '너'이며 그 결과에 대한 책임을 지는 것 또한 '너 자신'임을 가르치기 위해서다.

불가피하게 부모가 한계를 정해주어야 할 때도 있다. 이럴 때도 그 이유를 분명히 설명해주자. 무엇이 왜 중요한지를 아이가 깨달아야 더 자율적으로 스스로의 행동을 통제하게 된다.

4장

아이의 긍정성을 키우려면,
어떻게 말해야 할까?

Preview Summary

아이가 긍정적인 감정으로 낙관성을 갖도록 하고, 사람들과 친밀한 관계를 유지하도록 도와주며, 삶의 의미를 찾을 수 있도록 이끌어주자. 아이가 행복해지는 최고의 비법이다.

"졸면 죽음"

운전을 하다가 이 표어를 보고 등줄기가 서늘했던 적이 있다. 우리는 긍정의 말을 들었을 때보다 부정의 말을 들었을 때 더 적극적인 반응을 보이는 경향이 있다. 그래서 '졸릴 때 휴식'보다는 '졸면 죽음'이라는 말이 더 강렬하게 다가온다.

아이들에게 말을 할 때도 그렇다. 엄마가 "그만하면 좋겠구나"라고 좋게 말하면 들은 척도 하지 않다가 "당장 그만두지 못해! 하나, 둘, 셋!" 하면 당장 반응을 보이는 경우가 많다. 이렇다 보니 엄마들은 말이 점점 거칠어지고 부정적인 단어를 많이 사용하게 된다고 하소연한다.

혹자는 수 만년 동안 거칠고 혹독한 환경 속에서 살아남은 인류에게 '걱정과 염려' 등의 부정적 정서는 당연한 것이라고 말한다. 그러나 현재 우리는 석기를 들고 야생의 산야를 뛰어다니던 시절과는 다른 시간을 살고 있다. 부정적인 정서가 우리에게 경각심을

144

일으켜 단기적인 안전을 보장할 수는 있지만 장기적인 성장과 행복에는 결코 도움이 되지 않는다.

아이들 또한 엄마의 위협 때문에 당장은 바르게 행동하는 척할 수 있지만, 뒤에서는 딴짓을 하거나 장기적으로는 부정적 정서에 사로잡힌 성인으로 성장할 가능성이 높다. 당장 사춘기만 되어도 부모와 자식 간의 관계가 삐걱거리게 된다.

'샐리의 법칙'을 물려주는 것을 '선택'하겠어!

엎어지고 넘어져도 결국은 좋은 결과를 가져오는 샐리의 법칙Sally's law과 버스는 기다리면 안 오고 개똥도 약에 쓰려면 없는 머피의 법칙Murphy's law 가운데, 당신의 삶에 더 자주 적용되는 것은 어느 것인가?

'운'과 관련되어 있을 것 같은 이 두 가지 법칙에는 나름의 과학이 숨어 있다. 바로 심리라는 과학이다. '난 운이 없어'라고 생각하는 사람은 서두르거나 긴장을 하는 바람에 잘 되던 일도 망치며 애꿎은 '머피'를 탓한다. 반면에 '난 운이 좋은 사람이야'라고 생각하는 사람은 힘든 상황에서도 이것은 과정일 뿐이며 결과는 당연히 좋을 것이라고 생각하고 의지를 다진다. 성공과 행복한 삶은 운이 아니라 긍정적인 생각, 낙관적인 심리의 결과인 것이다. 샐리의 법칙을 '선택'할 때 우리는 샐리의 법칙대로 인생을 살 수 있다.

내 아이는 샐리의 법칙대로 살까, 머피의 법칙대로 살까? 궁금하다면 자신을 보면 된다. 미국 하버드 대학교의 니콜라스 크리스타키스Nicholas Christakis 교수와 캘리포니아 대학교의 제임스 파울러 James Fowler 교수의 '사회연결망' 연구에 따르면 앞집에 행복한 사람이 살고 있으면 그렇지 않은 경우보다 행복지수가 높다고 한다.

하물며 아이와 가장 밀접한 관계에 있는 부모는 어떻겠는가? 만약 부모가 샐리의 법칙을 믿는 사람이라면 아이 또한 샐리의 법칙을 물려받을 가능성이 더 높다. 그러나 머피의 법칙 때문에 우울해하는 사람이라면 내 아이 또한 머피의 법칙에 지배를 받을 것이다. 경제적인 문제에만 금수저, 흙수저가 있는 것이 아니다. 낙관성과 비관성 또한 대물림된다.

행복의 조건

어떻게 해야 행복하게 살 수 있을까? 긍정심리학의 창시자라고 불리는 펜실베이니아 대학교의 심리학자 마틴 셀리그만Martin Seligman 교수는 수천 명을 대상으로 한 조사를 통해 '긍정적 감정, 사람들과의 친밀한 관계, 삶의 의미 추구'를 행복의 조건으로 제시했다. 이 세 가지를 모두 가졌을 때 행복의 합이 가장 크다는 것이다.

부모인 우리가 아이를 훈육하고 교육에 투자하는 이유가 아이의 행복에 있다면 그 방향은 정해진 셈이다. 아이가 긍정적인 감정으로 낙관성을 가질 수 있도록 하고, 사람들과 친밀한 관계를 유지하도록 하며, 삶의 의미를 찾을 수 있도록 이끌어주면 된다.

"상상 속에 모든 것이 있다. 상상은 앞으로의 인생에서 펼쳐질 것들을 미리 보는 것이다."

아인슈타인의 말이다. 부모가 먼저 아이의 행복한 미래를 상상하고, 아이의 내면에 긍정의 힘을 채워주면 어떨까?

너는 어떤 늑대에게 밥을 주겠니?

하얀 늑대, 검은 늑대 전략

"네 마음속 용기와 희망에게 밥을 주렴."

긍정, 희망, 용기 등을 가진 좋은 늑대는 나쁜 늑대에 비해 힘이 약하다. 엄마가 아이 마음속 좋은 늑대에게 밥을 주고, 아이 스스로도 그렇게 할 수 있도록 북돋워야만 하는 이유다.

인디언 체로키 족에게 전해오는 옛날이야기가 있다. 드라마 〈너를 기억해〉에서 소개되어 아는 사람이 많아진 이야기이기도 한데, 흔히 '하얀 늑대, 검은 늑대 이야기'라고 한다.

할아버지가 손자에게 늑대 이야기를 들려준다.

"얘야, 모든 사람 안에는 두 마리의 늑대가 살고 있단다. 한 늑대는 아주 나쁜 늑대지. 분노와 질투, 교만, 욕심, 게으름 같은 것들로 똘똘 뭉쳐 있어. 반면에 다른 늑대는 착하단다. 사랑과 긍정, 친절, 희망, 용기, 끈기를 가진 늑대야. 이 늑대들은 우리 마음 안에서 끊임없이 싸우지."

할아버지의 이야기를 듣고 있던 손자가 묻는다.

"그럼 어떤 늑대가 이기나요?"

할아버지가 대답한다.

"그야 네가 먹이를 주는 늑대가 이기지."

아이와 엄마의 마음에도 두 마리의 늑대가 산다.

똑같은 일을 겪고도 사람마다 반응이 다르다. "화가 나서 견딜 수가 없어. 난 이제 끝장이야"라고 반응하는 사람이 있는 반면에 "그럴 수도 있지 뭐. 다음에 더 잘하면 돼"라는 사람도 있다. 두 사람의 반응이 이렇게 다른 이유는 바로 '어떤 늑대에게 밥을 주었느냐'의 차이다. 화를 내고 상황에 분노하느라 용기와 희망, 끈기를 가진 늑대에게 밥을 주지 못한 사람들에게 남는 것은 부정적인 감정뿐이다.

아이들의 마음에도 두 마리의 늑대가 산다. 물론 엄마의 마음속에도 두 마리의 늑대가 산다. 그런데 엄마가 매일 자기 자신은 물론이고 아이의 마음에 사는 나쁜 늑대에게도 밥을 준다면 과연 어떻게 될까?

"그것도 못해서 뭘 할 수 있겠니?"

"너 때문에 못살겠다."

"넌 왜 맨날 그 모양이니?"

엄마가 계속 이렇게 말한다면 아이의 마음에 사는 '사랑과 긍정, 친절, 희망, 용기, 끈기를 가진 좋은 늑대'가 이기고 싶어도 이길 도리가 없다.

나쁜 늑대는 힘이 세다.

엄마가 아이 마음속 나쁜 늑대에게 밥을 꼬박꼬박 챙겨 주지 않더라도, 좋은 늑대보다는 나쁜 늑대가 더 힘이 세다. 분노와 질투, 교만, 욕심, 게으름 같은 것들이 얼마나 힘이 센지는 우리 모두 잘 알고 있지 않은가?

긍정, 희망과 용기, 끈기는 그저 주어지는 것이 아니라 끊임없이 북돋우고 근육을 키우듯 힘겨운 과정을 통해 발달시켜야 한다. 아이의 내면에 존재하는 나쁜 늑대가 커다랗게 자라 있을 때 엄마가 할 일은 그 늑대를 더 키우는 것이 아니라, 착한 늑대의 힘을 키워 주는 것이다.

"괜찮아. 실수는 누구나 할 수 있는 거야."

"힘든 일이 있었나 보구나. 무슨 일인지 말해줄 수 있을까?"

"네가 거기에 관심이 있는지 몰랐네. 도전하는 네 모습이 참 보기 좋아."

그리고 아이에게도 말해주자. 우리 마음에 사는 나쁜 늑대와 착한 늑대에 대해서.

"네 마음속 용기와 희망에게 밥을 주렴."

내가 웃으면 세상도 웃는다

뒤센미소 효과

"마음껏 웃으렴, 애야."

진짜 웃음을 웃을 때 우리는 더 건강해지고 더 행복해지며 더 부자가 된다. 미래를 향해 달려가는 아이에게 필요한 것은 '웃음 가득한 긍정적인 마음과 행복으로 설레는 심장'이다.

지금, 아이의 얼굴을 들여다 보라. 아이가 웃고 있는가? 웃고 있다면 입 주변 근육만 움직여 웃는 시늉을 하는 의례적인 웃음이 아니라 눈가의 근육까지 수축하며 진짜 유쾌하게 웃고 있는가?

　어린 아이들은 하루 평균 200회를 웃는다고 한다. 잠자는 8시간을 빼고 나면 평균 5분에 한 번씩 웃는다는 말이다. 그런데 10분을 지켜봐도, 한 시간을 지켜봐도 내 아이가 웃지 않고 있다면 당장 그 원인을 찾아봐야 한다. 웃음은 긍정성은 물론이고 행복, 성공, 건강과 직결되기 때문이다.

뒤센미소가 성공적인 삶을 부른다

눈 가장자리 근육인 안륜근까지 사용한 진짜 웃음을 '뒤센미소'라고 한다. 안륜근은 눈둘레근이라고 하며 진심으로 웃어야만 움직이는 근육으로 알려져 있다.

반면에 눈가의 근육이 움직이지 않는 가짜 미소를 '팬암미소'라고 부른다. 과거 미국의 팬암 항공사 승무원들이 전형적으로 보여주던 인위적 미소를 빗댄 표현이다.

이 '뒤센미소'와 '팬암미소'가 우리 삶에 미치는 영향에 대해 버클리 대학교 대처 켈트너Dacher Keltner 교수와 리앤 하커LeeAnne Harker 교수가 무려 30년에 걸쳐 추적 조사를 한다. 먼저 밀스 대학교의 1960년도 졸업생의 졸업사진을 분석해 뒤센미소를 지은 졸업생과 팬암미소를 지은 졸업생을 가려냈다. 141명의 졸업생 가운데 50명이 눈 꼬리까지 휘어진 환한 미소를 지었고, 나머지 사람들은 그저 카메라를 향해 억지로 웃고 있었다. 그리고 졸업생들이 각각 27세, 43세 그리고 52세가 되는 해에 인터뷰를 진행했다.

그 결과, 뒤센 미소 집단은 팬암 미소 집단에 비해 훨씬 더 건강했으며 병원에 간 횟수도 적었고 생존율도 높았다. 결혼 생활에 대해서도 훨씬 높은 만족도를 보였으며 평균 소득 수준 역시 높았다. 한마디로 뒤센 미소 집단이 훨씬 성공적인 삶을 살고 있었다는 이야기다.

심지어는 마라톤처럼 도저히 웃기 힘들 것 같은 상황에서도 웃어야 신체 에너지를 아낄 수 있다고 한다. 신체 에너지를 아낀 만큼 당연히 기록 또한 좋아진다. 영국 울스터 대학교에서 운동심리학을 강의하는 노엘 브릭Noel Brick의 연구결과다.

실제로 2016년 브라질 리우 올림픽 마라톤에서 금메달을 차지한 케냐의 엘리우드 킵초게Eliud Kipchoge는 마라톤을 할 때 30초마다 한 번씩 웃는다고 한다.

"달리는 것은 다리가 아닙니다. 그것은 심장과 마음이죠."

킵초게가 한 말이다. 마라톤과 자주 비교되는 인생길에서 아이가 지치지 않는 긍정의 에너지로 달리기를 원한다면 행복에 겨운 진짜 웃음을 짓고 있는지 살펴봐야 한다.

아이에게 웃음을 선물하자

예전에는 아이가 한숨이라도 쉬면 어른들이 "조그만 게 무슨 걱정이 있다고 한숨이야?"라고 타박했다. 하지만 요즘 그렇게 말하는 어른은 없다. 어린이 우울증이 늘어나고 있다는 뉴스, 청소년 자살 뉴스 등이 심심찮게 들리는 데다 어른들의 삶 못지않게 아이들의 하루도 빠듯하고 숨 가쁘다는 것을 모르지 않기 때문이다.

"학원 갔다가 밤 8시 넘어 돌아온 아이가 사는 게 너무 힘들다며 한숨을 쉬네요. 이제 겨우 초등학교 5학년인 아이가 한숨을 쉬는 모습이 안쓰럽기 그지없지만 그렇다고 다들 시키는데 안 시킬 수도 없고. 어떻게 해야 할지 모르겠어요."

인터넷에 올라온 어떤 엄마의 상담 글이다. 고작 열두 살인 아이의 입에서 "사는 게 힘들다"라는 말이 나오는 현실, 시쳇말로 '웃픈' 일이 아닐 수 없다.

달리는 것은 다리가 아니라 심장과 마음이라는 킵초게의 말처럼, 미래의 시간을 향해 아이가 힘차게 달려나갈 수 있도록 돕는 것은 성적이나 학습이 아니라 '웃음으로 가득한 긍정적인 마음과 행복으로 설레는 심장'이 아닐까?

반복적인 암시는 아이를 변화시킨다

점화 효과

"너는 매일매일 모든 면에서 좋아지고 있단다."

의도적으로라도 아이에게 긍정적인 말을 해주는 것이 좋다. 불씨가 불꽃이 되듯, 엄마의 긍정적인 말은 아이의 긍정적인 정서와 행동, 태도의 불씨가 된다.

평소 아이에게 사용하는 언어를 돌이켜보자. 긍정적인 말이 많은가? 부정적인 말이 많은가?

"안 돼! 위험해."

"넌 못 해."

"제대로 하는 게 왜 하나도 없니?"

이런 부정적인 말들이 더 많지는 않았는가?

'점화 효과'라는 것이 있다. 시간적으로 먼저 제시된 자극이 나중에 제시된 자극의 처리에 긍정적으로 또는 부정적으로 영향을 주는 현상을 말한다. 우리가 무심코 앞서 한 말이 다음 행동을 불러오는 불씨가 된다는 것이다. 불씨가 튀면 불꽃이 되듯이, 엄마의 긍정적인 말은 긍정적인 정서나 행동의 시작점이 되고, 부정적인 말은 부정적인 정서나 행동의 원인이 된다.

긍정의 불꽃과 부정의 불꽃

말 한마디, 단어 하나가 가진 위력을 실감하게 해주는 실험이 있다. 예일 대학교 심리학자 존 바그John Bargh 교수가 진행한 언어와 행동의 연관성 실험이다.

바그 교수는 실험 참가자들을 두 그룹으로 나누고 A그룹에게는 '공격적으로, 함부로, 강요하다, 괴롭히다' 등의 단어 카드를, B집단에게는 '감사하는, 양보하는, 예의 바른, 존경하는' 등과 같은 단어 카드를 제시했다. 그리고 그 단어들로 5분 동안 문장 만들기 테스트를 한 후, 실험 참가자들을 다른 연구자가 있는 공간으로 이동시켰다.

그런데 마침 실험을 계속 진행해야 하는 연구자가 다른 누군가와 이야기를 하고 있었고, 실험 참가자는 대화가 끝날 때까지 기다려야 하는 상황이 연출되었다. 이때 A그룹 참가자들의 대부분은 5분도 참지 못하고 "실험을 언제 하게 되느냐"고 불평을 했지만, B그룹 참가자들은 10분이 넘도록 인내심 있게 기다리는 것으로 나타났다.

또한 '근심하는, 늙은, 은퇴한, 주름진' 같은 단어로 문장을 만들었을 때는 걸음걸이 속도가 평소보다 느려졌고, '운동을 잘하는, 유연한, 춤추기, 파티' 같은 단어로 문장을 만들었을 때는 걸음걸이가 경쾌해지고 빨라졌다.

"너 그러다 시험 0점 받는다."

"자꾸 엄마 실망시킬래?"

"오늘 선생님 말 잘 들어! 엄마 상담 갈 건데, 이상한 소리 들렸다간 혼날 줄 알아!"

엄마가 이렇게 말하는 순간, 이것이 아이의 부정적인 정서, 부정적인 행동을 점화시킬 수 있다는 이야기다.

사실 실험까지 하지 않더라도 얼마든지 일상생활 속에서 겪는 일이다. 상대의 심각한 고민 이야기를 듣고 나면 나도 맥이 빠지고, 유쾌하고 긍정적인 사람을 만나면 집으로 돌아오는 발걸음도 경쾌해지지 않는가?

긍정의 불꽃을 일으켜 주자

아이가 학교 갈 때 긍정적인 응원의 메시지를 보내주면 어떨까? 매일 아침 "오늘도 즐거운 하루 보내!"같은 응원과 엄마의 환한 얼굴을 보고 학교로 가는 아이의 발걸음은 가볍고 상쾌하다. 점화 효과 덕에 학교에서 더 즐겁게 생활하게 된다.

"싸우는 친구를 말리는 네 모습, 정말 멋지더라."

놀이터에서 싸움을 말리는 아이에게 "그러다 너까지 다치면 어쩌려고 그래?"라고 말하는 대신 이렇게 말해주는 것은 어떨까? 점화효과로 인해 아이는 더욱 듬직하고 리더십 있는 아이로 성장할 것이다.

"너는 매일매일 모든 면에서 좋아지고 있단다."

시험성적이 기대만큼 나오지 않아서 어깨가 축 처진 아이에게 "평소에 공부 안 할 때부터 내가 그럴 줄 알았어"라고 말하기보다 "너는 매일매일 성장하고 있다"라고 말해주면 어떨까? 점화 효과가 일어나 아이가 공부습관을 바꿀 수도 있을 것이다.

장점에 집중하면 탁월해진다

부정성 법칙

"어쩌면 그렇게 창의적인 발상을 할 수 있니?"

장점은 보려고 해야 보인다. 또한 아이의 장점에 집중할수록 단점 또한 객관적으로 평가하고 해결해나갈 수 있다. 누구보다도 먼저 아이의 장점을 봐주고 믿어주어야 하는 것이 부모다.

누구나 단점을 가지고 있다. 반대로 누구나 장점도 가지고 있다. 대부분 단점보다는 장점이 더 많다. 그럼에도 불구하고 우리는 장점보다 단점에만 집중하기 쉽다.

"수학이 70점이 뭐야?"

다른 과목의 성적은 다 우수한데도 70점 맞은 수학을 탓한다.

"집에 오면 바로 손부터 씻어. 왜 매일 똑같은 소리를 하게 하니?"

교우관계도 좋고, 방도 깨끗이 정리하고, 성적이 우수해도 아이의 장점은 당연하게 생각하고 아이의 한 가지 단점만을 나무라고 또 나무란다. 이처럼 부정적인 정보에 집중했을 때 어떤 문제가 발생할까?

장점에 집중해야 하는 이유

오스트리아의 심리학자 엘리자베스 루카스Elisabeth Lukas 박사가 아이들을 대상으로 딸기바구니 실험을 진행했다. 바구니에는 싱싱한 딸기 85%와 상한 딸기 15%가 담겨 있었는데 A그룹 아이들에게는 싱싱한 딸기를 골라서 그릇에 담게 하고 B그룹 아이들에게는 상한 딸기를 골라서 그릇에 담게 했다. 그런 후 바구니에 싱싱한 딸기가 얼마나 담겨 있었는지 물었다. A그룹은 싱싱한 딸기의 양을 거의 정확하게 맞힌 반면에 B그룹 아이들은 싱싱한 딸기의 양이 전체의 반도 안 된다고 대답했다.

긍정적인 정보에 집중했을 때는 부정적인 정보까지 제대로 파악하지만, 부정적인 정보에 초점을 맞추면 긍정적인 정보가 반감되는 결과를 보인 것이다. 루카스 박사는 이것을 '부정성 법칙'이라고 불렀는데, 이것이 우리가 긍정적인 정보, 즉 아이의 장점에 집중해야 하는 이유다.

아이의 장점에 집중하면 아이의 단점에 대해서 좀더 객관적으로 평가하고 해결해나갈 수 있다. 하지만 반대로 단점에 매몰되면 아이의 장점마저 제대로 보지 못하는 결과를 가져오게 된다.

장점, 보려고 해야 보인다

더욱이 장점은 저절로 보이는 것이 아니라 보려고 노력해야 보인다는 문제도 있다. 자녀가 가져온 성적표에 '영어가 수, 국어가 수, 과학이 미, 수학이 가'라고 적혀 있다면 당신은 어떻게 반응할 것 같은가?

A 어머, 수가 두 개나 되네!

B 수학이 왜 가야? 수학을 이렇게 못해서 어쩌려고 그래?

조사 결과 무려 77%의 학부모들이 성적이 '가'인 수학에 가장 먼저 시선이 간다고 대답했다. A보다는 B라고 말하는 학부모가 더 많은 것이다.

88서울올림픽의 결승전에 선발투수로 출전해 미국 역사상 최초로 야구 금메달을 목에 건 짐 애보트Jim Abbott 선수는 태어날 때부터 오른손이 없었다. 그런 애보트가 투수가 되고 싶다고 했을 때 그의 부모는 이렇게 말했다고 한다.

"얘야. 넌 공을 잘 던지니까 투수도 분명 잘할 수 있을 거야."

그의 부모는 애보트의 오른손 대신 꽤나 공을 잘 던지는 왼손을 먼저 본 것이다. 그렇기에 애보트는 오른손의 장애를 극복하는 것보다 왼손이 공을 좀더 잘 던지고 잘 받는 것에 에너지를 집중할 수 있었다.

다시 한 번 말하지만 장점은 보려고 해야 보인다. 그리고 부모는 누구보다도 먼저 그것을 봐주고 믿어주어야 한다. 아이의 장점이 단순한 장점을 넘어 탁월함이 되도록 도와주어야 한다.

"넌 일기를 참 잘 쓰는구나."

"어쩌면 그렇게 창의적인 생각을 할 수 있니?"

"너의 마르지 않는 호기심을 보면서 엄마도 새롭게 호기심이 퐁퐁 솟는 것 같아."

친구는 성장의 동반자다

나누어 먹는 초콜릿 효과

"새로 사귄 아이는 어떤 친구니? 엄마한테도 소개해주렴."

긍정 에너지가 넘치고, 서로에게 좋은 영향을 주며, 다양한 관점을 가질 수 있도록 도와주는 친구가 '좋은 친구'다. 물론 내 아이 또한 그런 친구일 때 주위에 '좋은 친구'들이 모여든다.

우리나라의 학교 교육을 관통하는 하나의 단어를 꼽으라면 무엇일까? 협동, 창의, 인성, 열정, 소통, 평등 등의 단어를 떠올리면 좋겠지만, 아쉽게도 가장 먼저 떠오르는 단어는 '경쟁'이다.

"넌 욕심도 없니? 이번 시험에선 걔를 이겨야 할 것 아니야!"

"이렇게 공부해서 어떻게 1등을 해? 이번에는 반드시 1등 할 거라고 엄마와 약속했잖아!"

"세상은 정글이야. 한 번 뒤처지면 영원히 뒤처진다고!"

내 아이가 1등이 되기를 원하고, 남들보다 성공하기를 원한다. 그래서 경쟁을 뚫고 남을 이겨야 한다고 가르친다. 왜 그렇게까지 해야 하느냐고 물으면 '내 아이가 행복해지기를 원하니까요'라는 대답이 돌아온다. 정말 경쟁에서 이기면 행복해질까?

콩 한 쪽도 나누어 먹어야 맛있다

예일 대학교 존 바그John Bargh 교수가 초콜릿으로 재미있는 실험을 했다. 실험 참가자들에게 카카오 함량 70%의 다크 초콜릿을 나누어 주고, 혼자 먹을 때와 다른 사람과 함께 먹을 때 어떤 맛을 느끼는지 조사한 것이다. 그 결과 혼자 초콜릿을 먹은 사람보다 누군가와 함께 초콜릿을 먹은 사람이 더 맛있다고 대답했다.

다음에는 쓴맛이 지나치게 강해 불쾌감을 느끼게 되는 카카오 함량 90%의 다크 초콜릿을 실험 참가자들에게 나누어 주었고, 마찬가지로 어떤 맛인지 질문을 던졌다. 이때도 역시 누군가와 함께 먹었을 때 불쾌감을 덜 느끼는 것으로 나타났다.

콩 한 쪽도 나누어 먹는다는 우리 속담 또한 나눔의 정신은 물론이고 나눔을 통한 행복을 이야기하고 있는 것이다.

갈수록 학교 내 왕따 문제가 심각해지고, 아이들의 행복도가 뚝뚝 떨어지고 있다. 경쟁지상주의를 내세운 사회와 그것을 체화한

학교, 경쟁에서 뒤처지는 것에 대한 두려움과 열등감을 가진 부모까지 삼박자가 되어 아이들을 경쟁으로 내몰고 있기 때문이다. 결국 가장 큰 피해자는 친구를 친구가 아닌 경쟁자라고 배운 우리 아이들이다.

좋은 친구의 조건을 다시 생각하자

단순히 또래 아이들과 잘 어울린다고 해서 무조건 좋은 것은 아니다. 친구는 제2의 자신이라고 하지 않는가? 그렇다면 어떤 친구가 좋은 친구일까?

"그 친구는 어디 사는데? 집은 부자야?"

"그 친구는 반에서 몇 등 해?"

"(가난하고 공부 못하고 반에서 존재감 없는) 그런 친구와 놀지 말라고 했지!"

혹시 자녀에게 이렇게 말하는 부모가 있다면, 하버드 대학교에서 행복학을 주제로 강연하며 10년 동안 최고 인기 강좌 1위를 놓치지 않았던 숀 아처Shawn Achor 교수의 말에 대해 생각해볼 필요가 있다. 아처 교수는 스스로 우울증을 앓았던 경험을 바탕으로 좋은 관계를 만드는 방법을 제시하고 있다. 우선 긍정 에너지가 넘치는 사람들을 곁에 두고, 다양한 관점을 지닌 사람들과 어울리며, 서로에게 좋은 영향을 주고받는 관계를 만들라는 것이다.

> "그 친구, 잘 웃니? 엄마는 잘 웃는 사람이 좋더구나. 주위 사람들까지 행복하게 해주거든."
> "새로 사귄 친구가 어떤 친구인지 엄마도 만나보고 싶네. 언제든 집에 놀러오라고 해."
> "많은 부분에서 너와 다른 친구들도 두루 사귀어보렴."

이처럼 아이가 친구를 사귈 때 질문과 조언을 바꿔야 한다. 그리고 내 아이 또한 다른 친구에게 긍정 에너지를 나눠주고, 다른 관점을 제공해주며, 친구에게 선한 영향을 줄 수 있는 아이로 키워야 한다. 이것이 바로 유유상종이다. 내 아이가 좋은 친구일 때 주위에 좋은 아이들이 모여든다.

감사는 행운을 끌어당긴다

세렌디피티의 법칙

"오늘은 감사할 일이 뭐가 있었니?"

'뜻밖의 발견, 의도하지 않은 발견, 운 좋은 발견 그리고 그것을 알아보는 능력'이야말로 행운을 가져오는 열쇠다. 그 열쇠를 아이에게 주고 싶다면 작은 일에도 감사하게 하자.

"엘리자가 말했어요. 세상은 생각대로 되지 않는다고. 하지만 생각대로

되지 않는다는 건 정말 멋진 것 같아요. 생각지도 못했던 일이 일어난다

는 거니까요!"

『빨간 머리 앤』에 나오는 앤의 대사다. 어쩌면 이렇게 세상 모든

것을 긍정적으로 볼 수 있는지, 책을 읽다 보면 감탄사가 절로 나

온다. 앤은 그야말로 '긍정 덩어리'다.

앤의 말처럼 생각지도 못했기에 뜻밖에도 멋진 일이 일어나는

것, 그것이 바로 '세렌디피티의 법칙'이다.

우리 삶의 세렌디피티

세렌디피티serendipity는 '뜻밖의 발견, 의도하지 않은 발견, 운 좋은 발견 그리고 그것을 알아보는 능력'이라는 의미를 가진 단어다. 강력한 접착제를 연구하던 과정에서 발견된 약한 접착제로 만든 포스트잇, 우연한 실수로 발견된 푸른곰팡이에서 탄생한 페니실린, 레이더 시제품이 우연히 근처에 있던 초콜릿 바를 녹이면서 발명된 전자레인지 등이 세렌디피티의 결과라고 할 수 있다.

우리 삶에도 수많은 세렌디피티가 있다. 우연한 만남에서 시작된 평생의 우정, 생각지도 못했던 순간의 멋진 제안, 우연히 다가온 소소한 행운들, 기적처럼 나에게 온 나의 아이 등등 되짚어보면 수많은 세린디피티가 오늘의 나를 만들었다고 할 수 있다.

"세렌디피티는 무슨! 내 인생에 그런 것은 없었어요!"라고 말하는 사람이 있다면 세렌디피티의 뜻에는 '뜻밖의 것을 발견하는 능력'이 포함된다는 것을 강조하고 싶다.

끈적임 없는 약한 접착제를 그냥 폐기 처분했다면 지금의 포스트잇은 없다. 푸른곰팡이를 실험을 망친 원흉이라고만 생각했다면 지금의 페니실린 또한 없다. 레이더 시제품이 초콜릿 바를 녹이는 것을 무심히 지나쳤다면 우리는 전자레인지의 편리함을 누리지 못했을 것이다.

그렇다면 뜻밖의 행운을 발견할 수 있는 능력을 키우는 비법은 무엇일까? 과학자 루이스 파스퇴르Louis Pasteur는 우연은 마음이 준비된 자에게만 미소를 짓는다고 말했다. 그리고 마음을 준비하는 최고의 방법이 바로 '감사하기'다.

감사도 습관이다

캘리포니아 대학교 심리학 교수인 로버트 에몬스Robert Emmons의 실험이 이를 증명한다. 에몬스 교수는 12살부터 80살까지 사람들을 둘로 나눠 한쪽은 꾸준히 감사 일기를 쓰게 하고, 다른 한쪽은 보통의 일기처럼 아무 내용이나 쓰게 했다. 그 결과, 감사 일기를 쓴 그룹의 4분의 3은 행복지수가 높아졌고, 숙면을 취하는 것은 물론, 운동과 일에 있어서도 성과가 좋아졌다.

> "고마움을 표시하는 사람들은 그렇지 않은 사람들보다 더 건강하고 긍정적이고 스트레스에 잘 대처합니다. 고맙다고 말할수록 내가 더 행복해지는 것이죠."

로버트 에몬스 교수의 말이다. 건강하고 긍정적이고 스트레스에 잘 대처한다면 없던 운도 트이고, 도망가던 운도 되돌아오지 않겠는가? 아이가 행복하기를 바란다면 감사하기를 가르칠 일이다.

아이 엄마, 오늘 준비물 안 챙겨가서 친구한테 빌렸어.

엄마 참 고마운 일이네. 준비물을 빌려준 친구도 고맙고, 준비물을 빌려주는 친구가 네 곁에 있다는 것도 고마운걸!

아이 엄마, 오늘 놀이터에서 노는데 아랫집 아주머니가 덥다고 아이스 크림을 사주셨어.

엄마 어머, 감사해라.

아이들은 엄마의 말투를 그대로 보고 배운다. 엄마가 먼저 작은 일에도 감사를 표현해보자. 그리고 아이에게도 물어보자.

"오늘은 어떤 감사한 일이 있었니?"

칭찬해야 할 순간을 포착하라

자기지각 이론

"정직하게 엄마에게 말해줘서 고마워."

칭찬의 순간을 놓치지 마라. 아이는 엄마의 말 한마디를 통해 미처 몰랐던 자신을 알게 되는 경우가 많다. 칭찬을 통해 스스로의 장점을 자각하는 기회가 많을수록 멋진 아이로 성장한다.

"너 딸기 좋아하나보다. 지난번에도 딸기를 제일 먼저 먹더니, 오늘도 그러네?"

친구들과 과일을 먹으며 담소를 나누는 자리, 여러 가지 과일이 놓여 있는 접시에서 딸기를 집어 올리다 멈칫한다. 한 번도 자신이 제일 좋아하는 과일이 무엇인지 생각해본 적이 없음에도 '그러고 보니 그러네. 내가 딸기를 좋아했구나' 하는 생각을 하게 된다. 이 비슷한 경험, 아마도 누구나 갖고 있을 것이다.

나도 모르던 나

우리는 자신에 대해 잘 알고 있다고 흔히 생각한다. 그런데 이런 생각이 오만일 수도 있음을 지적한 사람이 있다. 심리학자 대릴 벰Daryl Bem이다. 벰에 따르면 우리는 타인의 행동을 보고 그 사람의 마음을 추측하듯 자신의 행동이나 태도를 뒤늦게 깨닫고 자신을 알게 되는 경우가 많다고 한다. 이것을 벰은 '자기지각 이론'이라고 불렀다.

> "너, 네 번째 손가락이 두 번째 손가락보다 기네. 네 번째 손가락이 더 길면 테스토스테론이 많아서 성격이 엄청 털털하다던데. 그래서 네가 화통한 거구나."

이런 말을 들으면 갑자기 '내 성격이 화통했었나?' 싶다가도 '연구결과가 그렇다니 나 역시 그렇겠지'라고 생각하게 된다. 친구 때문에 살짝 마음 상하는 일이 있다가도 화통하다는 자기지각이 작용해 결국 툴툴 털어버리기도 한다.

30년, 40년 산 어른도 이런 경험을 겪는데 아이들은 말할 것도 없다. 더욱이 자신과 가장 가까운 엄마의 말 한마디를 통해 미처 몰랐던 자신을 알게 되는 경우가 많다.

긍정적인 시선은 아이를 긍정적으로 만든다

엄마의 부정적인 말을 들었을 때 아이는 어떤 생각을 하게 될까?

"너 까마귀 고기 먹었어? 방금 전에 가르쳐줬는데, 왜 또 몰라?"

이런 말을 들었을 때 '앗! 난 까마귀 고기를 먹지 않았으니까 다음부터는 한 번 가르쳐준 것은 절대로 안 잊어버려야지' 이렇게 생각하는 아이는 단 한 명도 없을 것이다. '나는 머리가 나쁜 멍청이구나'라고 생각할 가능성이 훨씬 더 높다.

칭찬이 아깝지 않은 순간을 포착하자. 그리고 자신에 대한 아이의 지각을 일깨워주자. 예를 들어 아이가 자신의 잘못을 솔직히 인정하는 순간 "정직하게 엄마에게 말해줘서 고마워"라고 말해주면 된다. 아이가 자신을 정직한 사람으로 지각하게 되는 계기가 될 것이다.

책을 가까이하지 않아 걱정했는데, 어느 날 아이가 무심결에라도 책을 펼치면 그 순간을 포착한다.

"우리 아들, 책 읽는 걸 정말 좋아하네."

아이가 그냥 심심해서 그랬다고 도리질할 수도 있을 것이다.

"바로 그거야. 책 읽는 걸 싫어하는 사람은 아무리 심심해도 책 읽을 생각을 못하거든."

어느 날 엄마가 잔소리를 하지 않았는데도 아이가 스스로 책상 앞에 앉는 날도 분명 있을 것이다. 그럴 때 재빨리 그 점을 지각시켜 준다.

"우리 딸은 스스로 알아서 공부하는 멋진 아이구나."

부모들은 아이의 잘한 행동은 당연하게 생각하는 경향이 있다. 하지만 잘못한 행동보다는 당연한 그 행동을 칭찬해줘야 아이의 긍정적인 장점이 된다.

아이에게 '긍정의 틀'로 물어라

프레이밍 효과

"숙제할 거니?"

긍정어는 긍정의 답변과 긍정적인 마음을 이끌어낸다. 우리는 자신의 시각과 사고방식에 따라 움직이는 것 같지만 사실은 세상이 제시하는 프레임에 얽매이는 경우가 허다하기 때문이다.

말만 다를 뿐 똑같은 내용이라 하더라도 그 말에 따라 아이의 답변은 달라진다.

A "숙제 할 거야?"

B "숙제 안 할 거야?"

두 문장은 똑같은 내용을 담은 말이다. 하지만 아이가 긍정의 답변을 할 가능성은 어느 쪽 말이 더 높을까?

| A | "이 책 정말 재밌더라. 너도 읽어볼래?"
| B | "방학숙제로 독후감을 써야 하니까 이 책 꼭 읽어!"

똑같은 책을 내밀며 이렇게 말했을 때 아이는 어느 경우에 책을 선뜻 받아들일까?

긍정적인 프레임이 긍정적 대답을 이끈다

우리는 스스로의 시각과 생각으로 판단을 내리는 것 같지만, 그렇지 않을 가능성이 더 높다. 사회학자나 행동경제학자들은 개인의 시각과 생각은 제시된 틀에 의해 좌우될 가능성이 높다고 말한다. 바로 '프레이밍 효과framing theory'다.

사회학자 어빙 고프만Erving Goffman이 처음 사용한 프레이밍 효과를 바탕으로 행동경제학자 대니엘 카너먼Daniel Kahneman과 아모스 트버스키Amos Tversky가 실험을 진행했다. 그들은 설문지에 이렇게 적었다.

'600명이 치명적인 질병에 감염되었다. 두 가지의 치료법이 있는데, A치료법을 사용하면 200명을 살릴 수 있다. 그러나 B치료법을 사용하면 환자 전체를 살릴 수 있는 확률은 33%, 아무도 살릴

수 없는 확률이 67%이다. 당신은 어느 쪽을 선택하겠는가?'

이 질문에 응답자의 72%가 A를 선택했다.

카너먼과 트버스키는 질문을 바꿔 다시 물었다. 'C치료법을 사용하면 400명이 죽는다. 그러나 D치료법을 사용하면 아무도 죽지 않을 확률이 33%, 모두가 죽을 확률이 67%이다. 이런 경우라면 당신의 선택은 어느 쪽인가?'

그 결과, C치료법을 선택한 사람은 22%에 불과했다. 600명 가운데 200명이 산다는 말이나 400명이 죽는다는 말이나 같은 말이다. 그런데도 첫 번째 설문에서는 72%의 사람들이 200명을 살리는 치료법을 선택했고, 두 번째 설문에서는 고작 22%만이 400명이 죽는다는 치료법을 골랐다. 카너먼과 트버스키는 이것을 프레임의 차이라고 분석했다. 긍정적 틀을 적용할 경우 긍정적인 결론이, 부정적 틀을 적용할 경우 부정적인 결론이 내려질 가능성이 높다는 것이다.

예를 하나 더 들어보자. 정육점에서 소고기를 판매하면서 '이 소고기는 75%가 살코기입니다'라는 문구와 '이 소고기는 25%가 지방입니다'라는 문구를 내걸었다. 당신이라면 어느 쪽 소고기가 더 맛있고 품질이 높다고 평가하겠는가? 물론 같은 말이다. 그런데도 소비자들의 선택은 살코기가 75%라는 문구 쪽의 소고기였다.

이처럼 우리는 세상이 제시하는 프레임, 즉 틀에 의해 움직이는 경우가 허다하다. 주의를 기울인다고 하더라도 프레임의 영향으로부터 완전히 자유롭기는 쉽지 않다.

우리의 뇌는 게으르다고 한다. 그래서 마치 무조건 반사처럼 긍정적인 정보가 들어오면 긍정적으로, 부정적인 정보가 들어오면 부정적으로 대응하려 한다는 것이다.

긍정어는 긍정적인 마음을 만든다

혹시 무심코 아이에게 '아니' '못' '하지 마' 같은 부정어를 섞어 말하고 있지는 않은가?

"그렇게 하면 안 된다고 했잖아!"

"위험한 곳에서 놀면 안 돼!"

"넌 어려서 못해! 엄마가 해줄게."

"하지 마!"

미국 텍사스 대학교 언어분석 심리학자인 제임스 페니베이커 James Pennebaker 교수는 언어의 사용 패턴을 교정함으로써 심리적인 개선 효과까지 얻을 수 있다고 말한다. 부정어를 긍정어로 바꿈으로서 우리의 마음까지 긍정적으로 만들 수 있다는 이야기다.

"엄마 생각엔 이렇게 하면 좋겠어."

"안전한 곳에서 놀자꾸나."

"엄마가 도와줄까?"

"엄마는 네가 이렇게 했으면 좋겠는데, 그렇게 해줄래?"

말을 바꾸면 아이는 긍정적인 선택을 할 수 있고, 엄마는 긍정적인 심리를 가질 수 있다.

5장

아이의 자존감을 지켜주려면, 어떻게 말해야 할까?

Preview Summary

자존감 교육은 '지금—여기에서, 있는 그대로의 아이'를 사랑하는 데서부터 시작된다. 자존감, 즉 스스로를 높여 귀하게 대하는 것은 스스로의 존재에 대한 확신에서 나오기 때문이다.

자존감 '열풍'이 불고 있다. 많은 사람이 자존감의 중요성에 대해 인식하고, 자존감의 필요성을 절감하기 시작했다. 특히 아이의 자존감이 학업 성취, 자기효능감, 회복탄력성 등에 지대한 영향을 미친다는 사실은 대부분의 학부모가 이미 알고 있다고 봐도 좋을 것이다.

그러다 보니 별것 아닌 일에도 예민하게 상처받는 아이를 보면 '혹시 내가 자존감을 제대로 키워주지 못한 것은 아닐까?' 하고 생각한다. 또 친구관계가 매끄럽지 못해 힘들어하는 아이를 보며 '아이의 자존감에 문제가 있나?' 하며 괜히 죄책감이 들기도 한다.

행복하지 않은 것이, 작은 일에도 끊임없이 흔들리는 유리 멘탈이, 삐걱거리는 인간관계의 많은 부분이 자존감의 문제인 것은 맞다. 하지만 자존감이 평생 영구불변하는 것은 아니다.

자존감은 때때로 흔들린다

자존감의 첫 번째 위기는 대체로 아이가 학교에 처음 들어갔을 때 찾아온다. 낯선 친구들과 갑자기 엄격해진 규칙에 적응하느라 힘 들어지는 시기이기 때문이다. 두 번째 위기는 사춘기 때다. 감정 기복이 심해지면서 자존감 또한 혼란기를 겪는다. 물론 그 외에도 자존감은 순간순간 작은 위기들을 겪으며 변화하고 강화된다.

이처럼 자존감은 키처럼 쑥쑥 성장만 하는 것이 아니라 후퇴와 강화를 반복한다는 것을 엄마가 이해할 필요가 있다. 그래야 어느 시기에 어떤 도움을 줄지 판단할 수 있기 때문이다.

"학교, 너만 다니니? 웬 유세야?"

"잘하던 애가 왜 갑자기 의기소침해져서 그래? 그렇게 할거면 다 때려 치워!"

"지금이 얼마나 중요한 시기인지 몰라서 그래? 한 번 공부를 놓치면 다 시는 못 따라 잡는다고! 친구한테 신경 쓸 시간 있으면 정신 차리고 공부나 해!"

아무리 비온 뒤에 땅이 굳는다지만, 자존감이 흔들리는 결정적 인 시기에 엄마가 이처럼 찬물을 퍼붓는다면 그 순간 아이의 자존 감은 무너져 내릴 수밖에 없다.

자존감은 자기 확신에서 시작된다

자존감은 자아존중감의 준말이지만 자아존재감의 준말이라고 해도 틀린 말은 아닐 것이다. 자아존중, 즉 스스로를 높여서 귀하게 대한다는 것은 스스로의 존재에 대한 확신에서 나오는 것이기 때문이다.

자신이라는 존재에 대해 확신이 없고 사랑하지도 못하는데, 어떻게 스스로를 귀하게 여길 수 있겠는가? 이것은 어른도 마찬가지다. 스스로의 존재를 사랑하지 못하는 엄마들은 아이들의 작은 반항에 이렇게 반응한다.

"너 지금 엄마한테 뭐라고 했어? 너까지 엄마를 무시해?"

하지만 스스로를 사랑하고 자기 존재에 대한 확신을 가진 엄마라면 이렇게 반응한다.

"속이 상한가 보구나. 이유가 무엇인지 엄마한테 말해줄 수 있겠니?"

하물며 아이들은 오죽하겠는가? 스스로에 대한 사랑은 무언가를 잘해서도 아니고 뛰어나서도 아니고 그저 존재 그 자체로 '인정' 받고 있다는 확신이 있을 때 생겨난다.

"아이가 공부를 못하면 자존감이 낮아지지 않을까요?"

"친구들 가운데 리더가 돼야 자존감이 높아지지 않을까요?"

"애가 유치원 들어갈 때 무리를 해서 집을 옮겼어요. 혹시라도 자존감이 낮아지면 어쩌나 싶더라고요."

엄마들이 많이 하는 이야기다. 걱정되는 마음은 충분히 이해가 되지만 이런 걱정을 할 시간에 내 아이를 한 번 더 들여다 보고, 안 아주고, 네가 있어서 엄마가 행복하다는 것을 말해주는 것이 옳다.

자존감 교육은 자신이 꽤나 괜찮은 사람이며 가치 있는 사람이라고 느낄 수 있도록 '지금-여기에서, 있는 그대로의 아이'를 사랑하는 것에서부터 시작된다.

좋은 라벨은 힘이 세다

라벨 효과

"너는 특별해."

라벨은 그 라벨을 현실로 만드는 힘을 갖고 있다. 당신이 붙여준 라벨이 아이의 자존감을 형성하고 아이의 미래가 된다는 이야기다. 아이에게 좋은 라벨을 붙여줘야 하는 이유다.

초등학교 1학년인 아이가 하루는 엄마에게 공책을 내밀었다. 종이 위에는 엄마가 봐도 멋진 이야기 한 편이 적혀 있었다. 엄마의 얼굴에는 놀라움과 기쁨이 함께 떠올랐다. 이제 겨우 초등학교 1학년인 아이가 이런 이야기를 지어내다니! 신동임에 틀림없다는 확신이 들 수밖에.

"어머, 이거 네가 지은 거야?"

하지만 아이는 해맑은 표정으로 이렇게 대답했다.

"아니, 엄마. 만화책 보고 베낀 거야!"

이 상황에서 당신은 뭐라고 대답하겠는가?

엄마 1	기왕이면 네 이야기를 써보렴. 너라면 훨씬 잘 쓸 수 있는 거야.
엄마 2	웬일로 네가 책상에 얌전하게 앉아 있나 했네. 그럴 시간 있으면 받아쓰기나 연습해!

부모 말이 문서다

미국뿐만 아니라 세계 최고의 베스트셀러 작가로 인정받고 있는 스티븐 킹Stephen King의 어머니는 '엄마 1'의 대답을 선택했다.

"기왕이면 네 이야기를 써봐라, 스티븐. 그 만화책은 허접스러워. 주인 공이 걸핏하면 남의 이빨이나 부러뜨리잖니. 너라면 훨씬 잘 쓸 수 있을 거란다."

스티븐 킹의 어머니가 그렇게 말하고 나서 얼마 후 그녀가 퇴근해 현관문을 열고 들어오자마자 어린 스티븐 킹이 노트 한 권을 내밀었다. 그녀는 아들 둘을 키우는 이혼녀였고, 늘 가난과 일에 지쳐 있었다.

그러나 피곤하다며 아들을 밀어내는 대신 핸드백을 바닥에 내려놓고 거실에 앉아 당장 아들의 첫 작품을 읽었다. 마법의 동물

네 마리가 낡은 자동차를 타고 다니며 어린 아이들을 도와준다는 내용의 이야기였다.

그의 어머니는 스티븐에게 "책으로 내도 될 만큼 훌륭하구나" 하는 칭찬과 함께 25센트 동전을 하나 쥐어주었다. 스티븐 킹이 소설을 써서 처음으로 번 돈이었다.

용기를 얻은 스티븐 킹은 그 이후 계속 이야기를 지어내 잡지에 투고했고, 끊임없이 거절의 쪽지를 받았다. 스티븐 킹의 첫 장편소설 『캐리Carrie』가 출간된 것이 스물 여섯 살 때였으니, 근 20년 동안 그는 출판사로부터 거절의 쪽지를 받은 셈이었다.

그런 그가 중도에 포기하지 않고 끝까지 글을 쓸 수 있었던 힘은 어머니가 스티븐 킹에게 붙여준 라벨의 힘이었다.

'어머니가 그랬어. 출간된 만화책보다 내가 훨씬 더 잘 쓸 거라고!'

우리 속담에 '부모 말이 문서'라는 말이 있다. 내가 아이에게 한 말이 미래에 그대로 실현된다는 이야기다. 스티븐 킹의 어머니처럼 내 아이에게도 좋은 라벨을 붙여줘야 하는 이유다.

라벨의 힘

노스웨스턴 대학교의 리처드 밀러Richard Miller는 실험을 통해 라벨 효과를 입증했다. 그는 초등학교를 방문해 A학급에서는 청소의 중요성에 대한 강의를 진행했고, B학급에서는 '정말 청소가 잘 되어 있구나. 너희들도 모두 깔끔해 보이는구나'라며 칭찬했다.

결과는 놀라웠다. '깨끗하고 깔끔한 학생'이라는 라벨을 붙여준 B학급 학생들이 쓰레기를 눈에 띄는 대로 주워서 쓰레기통에 버리기 시작했던 것이다. 강의만 했던 A학급의 학생들보다 그 수가 무려 세 배나 더 많았다.

라벨은 라벨을 현실로 만드는 힘을 갖고 있다. 당신의 자녀에게 어떤 라벨을 붙여주고 싶은가?

"너는 언제나 최선을 다 하는구나."
"이런 생각을 하다니, 굉장히 창의적이구나."
"너는 많은 장점을 가진 아이란다. 엄마 말을 믿어도 좋아."

당신이 붙여준 그 라벨이 아이의 자존감을 형성한다. 김춘수의 시 '꽃'처럼 내가 멋진 이름으로 불러주었을 때, 내 아이는 그 이름에 걸맞은 아름다운 꽃으로 피어난다.

자존감을 부수는 망치, 비난

비난 함정

"방이 너무 어지럽구나. 어떻게 하면 좋겠니?"

부모가 '~한 아이'라고 비난의 낙인을 찍는 순간, 아이는 점점 더 그런 아이가 된다. 무심코 아이에게 화를 내고 비난의 언어를 사용했다면 다섯 번 이상 인정의 말을 해주어야 한다.

"또 지각하겠다! 왜 그렇게 꾸물거려. 빨리 빨리 좀 움직여!"

"왜 그렇게 조심성이 없니!"

"방 꼴이 이게 뭐야! 네가 돼지야?"

훈육이라는 이름 아래 아이에게 행해지는 이런 비난의 말들을 꼽아본다면 하루에 몇 마디 정도 될까?

발달심리학자 마틴 호프만Martin Hoffman 교수에 따르면 어린이들은 하루 평균 50여 차례나 부모로부터 비난 등의 지적을 당한다고 한다. 이 수치로 보았을 때 아이는 행동 하나하나 지적을 당한다고 봐도 틀린 말이 아닐 정도다. 물론 부모 입장에서는 아이를 바르게 키우고 위험으로부터 보호하기 위해 지적을 하고 혼을 내고 때로는 비난을 하는 것이라고 하지만 아이 입장은 다를 수밖에 없다.

자신이 가장 사랑하고 믿는 사람으로부터 하루에 50번이나 자신의 행동 하나 하나를 지적당하는 아이의 기분은 과연 어떨까? 더욱이 그것이 비난의 방식이라면 자존감은 싹조차 틔우지 못하고 말라버리지 않을까?

낙인을 찍으면 찍힌 대로 큰다

만약 배우자가 "왜 그랬어!" "그것 밖에 못해?" "당신 도대체 잘하는 게 뭐야?"라는 말을 끊임없이 한다면 부부싸움이 나도 아마 크게 날 것이다.

직장에서 "월급 받는 게 부끄럽지 않아요?" "이걸 기획서라고 써 왔습니까?" "정말 성과가 형편없군요"라는 말을 매일 듣는다면 사표를 낼까 말까를 정말 심각하게 고민할 것이다.

하지만 부모와 싸울 수도 없고, 사표를 던지듯이 관계를 끊을 수도 없는 아이들은 부모의 지적과 비난에 지쳐 그것을 오히려 내면화해버릴 가능성이 높다.

'난 역시 행동이 너무 느려.'

'난 조심성이 없는 아이구나.'

'난 지저분한 아이구나.'

"흥, 엄마가 그렇게 원한다면 진짜 삐뚤어져주지!" 하는 낙인 효과가 발생하는 것이다. 노스웨스턴 대학교의 사회학자 하워드 베커Howard Becker 교수가 처음 제시한 낙인 효과는 라벨 효과가 나쁜 방향으로 작용하는 경우다. 부정적인 낙인이 찍히면 실제로 점점 더 나쁜 행태를 보이게 되는 것이다.

낙인이 찍힌 아이들이 부모가 원하는 방향대로 훈육이 될 리 만무하다. 자존감 또한 바닥으로 떨어져 산산이 부서져버리게 된다.

한 번 지적했으면 최소 다섯 번을 '인정'하라

아이가 문제를 일으켰을 때 그 행동 하나로 아이의 인격 전체를 비난해서는 안 된다. 구체적인 행동에 대해서만 이야기하고 그것의 해결책을 찾는 대화를 해야 한다.

"네가 서둘러주었으면 해. 왜냐하면 지각을 할 수 있기 때문이야."

"엄마는 네가 다칠까봐 걱정이 되는구나. 조심하면 좋겠다."

"방이 너무 어지러운데 어떻게 하면 좋겠니?"

물론 엄마도 사람이다 보니 화가 날 때도 있고 실수를 할 수도 있다. 그럴 때 자책을 하기보다는 하버드 대학교 협상심리센터의 다니엘 샤피로Daniel Shapiro 교수가 제시한 '한 번 비난에 다섯 번의 인정 대화 법칙'을 활용하길 권한다.

갈등을 풀어가는 커플들의 대화 방식을 연구했더니 인정과 비난이 1:1인 커플은 결국 사이가 나빠졌고, 5:1인 커플은 계속해서 좋은 관계를 유지했다는 것이다.

무심코 아이에게 화를 내고 비난의 언어를 사용했다면 다섯 번 이상 인정의 말을 해주자. 아이와 좋은 관계를 유지하고 자존감을 지켜주는 방법이 될 것이다.

아이들은 엄마의 눈빛을 먹고 자란다

왓칭 효과

"언제까지나 너를 사랑해."

누군가 사랑의 눈으로 바라볼 때와 미움을 담고 쳐다볼 때 우리의 몸과 마음은 다르게 반응하지 않던가? 사랑과 믿음이 가득한 엄마의 눈빛 또한 아이를 더 위대하게 성장시킨다.

"위대한 생각을 길러라. 어떤 일이 있더라도 우리는 자신의 생각보다 높은 곳에 오르지는 못한다."

전 영국 총리인 벤저민 디즈레일리Benjamin Disraeli의 명언이다. 이 말을 조금 응용해서 이렇게 바꿀 수 있지 않을까?

'아이에 대해 위대한 생각을 가져라. 어떤 일이 있더라도 아이는 엄마의 생각보다 높은 곳에 오르지는 못한다.'

생각은 흘러넘치는 물과 같다

"어이구, 속 터져. 어떻게 저렇게 모자라는 짓만 골라 하는지 몰라." "널 낳고 먹은 미역국이 아깝다." "저런 놈이 내 자식이라니!" 이렇게 심한 말을 아이에게 직접 내뱉는 엄마는 요즘 거의 없을지도 모르겠다. 자녀교육서를 한두 권이라도 읽은 엄마라면 이런 말들이 언어폭력임을 알 것이다. 하지만 속마음은 어떨까? 말로는 못 내뱉는 온갖 부정적인 생각들이 속에서 자글자글 들끓고 있지는 않는가?

물이 가득차면 결국 흘러넘칠 수밖에 없듯이 생각들이 가득 차면 결국 밖으로 흘러나온다. 앞서 메라비언의 법칙에서도 말했지만 직접적인 말이 아니더라도 목소리의 톤, 몸짓, 눈빛, 표정이 아이에게 끊임없이 메시지를 전달하는 것이다. 너 때문에 창피하고, 너 때문에 우울하고, 너 때문에 한숨이 절로 터지고, 너 때문에 불행하다고.

엄마가 자신을 한심하게 바라보는 것을 아이들이 모를 리 없다. 다만 모른 척할 뿐이다. 아는 척해봐야 자신만 상처를 받을 뿐만 아니라, 엄마의 기대치를 만족시켜 줄 자신도 없기 때문이다. 그럼에도 아이들 마음에 상처는 차곡차곡 쌓여간다. 자존감이 낮아지고, 자율성도 점점 꺾여간다. 결국 아이의 미래에 악영향을 미칠 수밖에 없다.

왓칭은 힘이 세다

양자물리학에 '관찰자 효과Observer effect'라는 실험이 있다. 우리가 특정 의도를 가지고 사물을 바라보면 관찰자의 생각대로 현상이 변화한다는 이론이다. 이 관찰자 효과의 실제 여부에 대해 말들이 많지만 실험을 떠나서 왓칭Watching, 즉 바라봄에는 분명 마법 같은 힘이 존재한다.

엄마의 표정에 따라 아기가 어떻게 행동하는지를 실험한 영상을 본 적이 있다. 엄마와 아기 사이에는 큰 구덩이가 파여져 있다. 그 구덩이 위에는 두껍고 안전한 유리가 덮여 있어 구덩이 위를 걷더라도 추락하지 않는다. 일명 시각절벽visual cliff이다. 엄마의 표정에 따라 아기가 시각절벽을 건널 수 있는지 없는지를 알아보는 실험이었다.

먼저 엄마가 무표정하게 있을 때 아기들은 시각절벽을 건너지 못했다. 엄마의 딱딱한 표정과 시각절벽이라는 장애물 앞에서 아기들은 자신도 모르게 움츠려 들고 지레 포기를 했다.

하지만 엄마가 활짝 웃으며 아기의 이름을 불러주었을 때는 결과가 완전히 달랐다. 아기가 무시무시한 시각절벽의 공포를 넘어 엄마에게 열심히 기어가 안긴 것이다. 이런 실험 결과가 아니더라도 일상에서 겪는 타인의 시선과 그에 따른 내 마음의 변화만 생각해봐도 왓칭의 중요성을 쉽게 깨달을 수 있다.

현재의 내 모습은 과거 내 생각의 결과라는 말이 있다. 아이의 미래 모습 또한 엄마인 내 생각의 결과일 수 있다. 아니, 지금 아이의 모습 또한 내 생각의 결과물일지도 모른다.

오스트리아의 정신의학자인 알프레드 아들러Alfred Adler는 꿈과 목표를 이루기 위해 네 가지가 필요하다고 말했다. 꿈과 목표에 대한 가상적 목적fictional finalism, 인생의 큰 그림을 그리는 것, 스스로에 대한 믿음, 자신의 열등감을 발전의 발판으로 삼는 것이다.

아이의 멋진 미래를 엄마가 함께 그리고 꿈꾸어주자. 현재가 어떻든 미래는 반드시 그러할 것이라고 확고한 믿음을 아이에게 심어주자. 때로 아이가 못마땅한 모습을 보이고, 어처구니없는 실수를 하고, 엄마를 실망시킬 때도 있겠지만 그것은 아이가 위대해지기 위한 과정일 뿐임을 믿어라.

"엄마는 언제까지나 너를 사랑해."

아이에 대한 사랑과 믿음은 엄마의 눈빛을 바꾸고, 그 눈빛은 왓칭의 마법에 따라 결국 아이를 더 위대하게 성장시킬 것이다.

나는 좋은 사람이야

헬퍼스 하이 효과

"정말 옳은 일을 했구나. 엄마는 네가 자랑스러워."

자신으로 인해 세상이 더 살기 좋은 곳이 되었다는 사실을 아는 것은 강력한 경험이다.
자존감은 자신이 도덕적인 사람, 다른 사람에게 도움이 되는 사람임을 자각할 때 강화된다.

'10억 원이 생긴다면 일 년 정도 감옥에 가도 괜찮다.'

고등학생 두 명 가운데 한 명이 이렇게 생각한다는 몇 년 전 기사가 아직도 선명하게 기억에 남아 있다. 충격이 꽤나 컸었다. 기사에 따르면 초등학생도 다섯 명 가운데 한 명이 같은 대답을 했다고 한다.

내 아이가 착하고 바르게 성장하기를 원하는 것이 모든 부모의 바람이라고 믿는다. 그럼에도 돈과 도덕성을 맞교환하겠다는 아이들의 생각은 어디서부터 시작된 것일까?

도덕성이 높으면 심리적 포만감도 높아진다

'나는 내가 생각해도 참 괜찮은 사람이야'라고 생각하는 아이가 자존감이 높을까? 아니면 '도덕 같은 건 사는 데 방해가 될 뿐이야, 도덕보다 돈이 더 중요하지!'라고 생각하는 아이가 자존감이 높을까?

자존감이라는 것은 자신에 대한 신념들의 집합이다. 그 신념들이 좋은 신념일 때 스스로 만족하게 되고 결과적으로 자존감이 높아지는 것이다. 그런데 도덕성이 형편없는 사람이 자신의 신념에 만족할 수 있을까? '도덕 같은 건 사는 데 방해가 될 뿐이야!'라는 자신의 신념에 과연 흔쾌히 고개를 끄덕일 수 있을까? 결코 쉽지 않을 것이다. 우리에게는 '양심'이라는 보이지 않는 감시자가 있기 때문이다.

'헬퍼스 하이Helpers High 효과'라는 것이 있다. 미국의 내과의사 앨런 룩스Allan luks가 주장한 것으로 남을 돕는 과정에서 느끼는 정서적 포만감을 말한다. 룩스의 연구에 따르면 일주일에 8시간 이상 봉사에 임하는 자원봉사자 3,000명 가운데 95%가 헬퍼스 하이를 경험했으며, 심리적 포만감이 며칠, 길게는 몇 주 동안 지속되었다. 뿐만 아니라 의학적으로도 혈압과 콜레스테롤 수치가 크게 낮아지고 행복 호르몬인 엔돌핀이 정상치의 세 배 이상 분비되어 몸과 마음에 활력이 넘쳤다.

자신의 존재로 인해 세상이 더 살기 좋은 곳이 되었다는 사실을 깨닫는 것은 얼마나 강력한 경험인가? 자신에 대해 뿌듯해지는 마음, 스스로 다른 사람들로부터 사랑받을 가치가 충분하다는 벅찬 느낌은 '10억'이라는 돈에서 나오는 것이 아니라 자신이 올바른 사람, 도덕적인 사람, 다른 사람에게 도움이 되는 사람임을 자각할 때 나온다.

아이에게 도덕적 '가치'를 가르쳐라

창의성을 연구해온 하버드 대학교 경영대학원 테레사 에머빌Teresa Amabile 교수에 따르면 창의적인 아이들의 부모는 자녀의 행동 기준을 제시할 때 가치를 강조한다고 한다. 도덕성, 고결함, 존중, 호기심, 끈질긴 노력 같은 가치를 이야기하며 스스로 행동 기준을 정하도록 한다는 것이다.

에머빌 교수의 연구는 창의성이 높은 아이들의 부모를 대상으로 한 것이지만 이는 아이의 자존감을 높이는 것에 있어서도 마찬가지다.

아이들은 때로 실수를 하고, 제대로 몰라서 잘못된 선택을 하기도 하고, 개구쟁이짓이 지나쳐 때때로 도덕적이지 못한 행동을 하기도 한다. 그럴 때 부모가 도덕적으로 올바른 선택을 하도록 유도해주고, 도덕적인 행동을 자랑스러워한다면 아이의 도덕성과 함께 자존감 또한 높아지게 될 것이다.

"네가 동생에게 좋은 모범을 보여줘서 엄마는 정말 기뻐."

"약속을 지켰구나. 네가 너무 자랑스러워."

"남을 위해 봉사하는 네 마음이 너무 아름다워."

설득하지 말고 차라리 설득당하라

부메랑 효과

"네가 왜 그것을 하고 싶은지 엄마를 설득해 봐."

아이에게 엄마를 설득할 기회를 주고 원-윈을 전제로 협상을 하라. 설득과 협상의 과정을 통해
자아존중감의 바탕이 되는 자기효능감이 높아진다. 또한 논리력과 표현력도 발달한다.

설득은 상대편이 이쪽 편의 이야기를 따르도록 여러 가지로 깨우
쳐 말하는 것이라는 사전적 의미를 갖고 있다. 그런데 이 설득이
말처럼 쉽지가 않다. 어른은 물론이고 아이들을 설득하는 것도 만
만치가 않다.

"아무리 안 된다고 하고 이유를 설명해도 고집을 부려요. 한 번 고집을
부리기 시작하면 감당이 안 된다니까요."
"실컷 얘기해서 알아 들었겠거니 했는데, 나중에 보면 또 똑같은 행동을
하고 있어요."

엄마들이 한숨을 내쉬며 주로 하는 이야기들이다. 설득이 말 몇 마디로 될 것 같으면, 세상에 내 마음대로 안 되는 사람은 아마 한 사람도 없지 않을까?

설득이 어려운 이유

사회심리학자 웨슬리 슐츠Wesley Schultz가 미국 캘리포니아에 있는 한 지역의 가구별 전력 소비량을 측정했다. 그리고 해당 가정의 전력 소비량과 이웃들의 평균 소비량, 전력을 줄이는 팁 등이 적힌 자료를 만들어 가구별로 배포했다. 전체적으로 가구별 전력의 평균 소비량을 줄이기 위한 것이 목적이었다.

그런데 예상하지도 못했던 부작용이 나타났다. 평균 소비량보다 높았던 가구의 전력소비는 줄었지만 반대로 평균보다 소비량이 낮았던 가구들이 전력을 더 소비했던 것이다. 결과적으로 소비량이 낮은 가구들에게 전력을 더 써도 된다는 정보를 안겨준 꼴이 된 셈이었다. 설득이 오히려 역효과를 가져와 의도와 반대로 행동하게 되는 것, 이것이 '부메랑 효과'다.

미운 세 살이라는 말이 있다. 이때부터 자아개념이 발달해 고집을 부리고 떼를 쓰기 때문이다. 자아개념이 발달하면서 함께 발달하는 것이 바로 특정한 자기만의 신념이다. 이 신념에 반대되는 목소리는 자기존재를 부정하는 것처럼 느껴지기 때문에 강하게 거부하게 된다.

'조그만 애가 무슨 신념이 있겠어?'라고 생각하겠지만 그렇지 않다. 하다못해 '저 장난감은 정말 재미있을 거야'라고 굳게 믿는 것도 신념이다. 그래서 원하는 것을 얻지 못했을 때 아이들은 울고 떼를 쓰고 심하면 바닥을 뒹군다.

공을 아이에게 넘겨라

부메랑 효과의 핵심은 '설득이나 강요를 통한 자유의 제한'과 '그것에 대한 반감'이다. 아무리 열심히 말로 설득해도 아이가 반감을 가진다면 그야말로 내 입만 아픈 셈이다. 이럴 때 차라리 공을 아이에게 넘겨 엄마가 설득당하는 입장이 되어보라.

"네가 왜 그것을 사고(하고) 싶은지 엄마를 설득해봐."

아이는 엄마를 설득하기 위해 정보를 수집하고 설득 전략을 짜게 된다. 그 과정에서 자신의 신념이 틀렸다는 것을 스스로 깨닫고 수정하는 효과가 나타날 수도 있다. 자신의 자존감을 다치지 않고 신념을 바꾸게 되는 것이다.

무리한 요구가 아니라면 아이에게 설득당해주는 것이 좋다. 이
때 무조건 아이의 말에 설득당하기보다는 아이와 '협상'을 해볼
것을 권한다. 협상의 핵심은 '원-윈'이다. 협상 전에 협상의 목표
는 '너도 이기도 나도 이기는 것'이라고 아이에게 먼저 설명해주는
것이 좋다.

> "좋아. 그러면 생일 선물로 그 장난감을 사줄게. 어때?"
> "네 말에도 일리가 있어. 하지만 엄마는 네가 건강하지 못할까봐 걱정이
> 야. 그러니까 야채를 안 먹는 대신 일요일 아침마다 운동을 해야 한다는
> 게 엄마 조건이야. 어떻게 할래?"

설득과 협상의 과정을 통해 자신이 엄마를 설득했다는 생각을
아이가 하게 되면 자아존중감의 바탕이 되는 자기효능감이 높아
진다. 이와 함께 논리력과 표현력도 발달한다.

초등학교 고학년은 되어야 협상이 가능하다고 생각하기 쉽지만,
자기표현이 가능한 나이가 되면 얼마든지 가능하다. 처음에는 "네
가 그것을 사고 싶은 이유가 뭔지 세 가지만 말해봐" 같은 식으로
시작하면 된다.

아이가 어릴수록 얼토당토않은 이유를 가져다 댄다. 그러나 이
런 과정이 쌓이고 쌓이면 나중에는 엄마가 정말로 설득당할 만큼

논리가 정교해지고, 아이의 협상력에 엄마가 휘둘리는 순간이 오게 될 것이다. 그때는 기쁜 마음으로 설득당해주고 협상에 임해주면 된다. 부모로서 아이의 성장을 지켜보는 것만큼 기쁜 일이 어디 있겠는가?

기대와 칭찬이 마음의 키를 키운다

거울자아 이론

"너는 무한한 가능성을 지니고 있단다."

자존감은 부모로부터 존중받을 때 더욱 강화된다. 부모의 자녀양육 태도와 자녀를 바라보는 시선이 일생을 좌우하는 것이다. 부모의 칭찬과 기대는 아이의 자존감을 키우는 양분이다.

'나답게 살자' '자기 자신이 되어라' 이런 말들이 심심찮게 들리지만 사람은 사회적인 관계를 맺으며 살 수밖에 없다. 그리고 그 관계 속에서 때로는 상대방이 나를 보는 눈으로, 나 또한 나를 보게 된다.

미국의 사회학자 찰스 쿨리Charles Cooley에 따르면 자아는 타인과의 유기적인 관계 속에서 성장하며, 이때 타인의 평가는 자아를 비추는 거울과 같다는 의미로 '거울자아 이론'을 주장했다. 거울 속 자신을 보는 것처럼 다른 사람들이 바라보는 나의 모습, 혹은 다른 사람들이 나에게 기대한다고 생각되는 모습을 자신의 일부분으로 받아들여 자아상을 형성해간다는 것이다.

아이에게 가장 중요한 타인은 부모다. 부모의 평가가 아이에게 거울자아가 되는 것은 너무나도 당연한 이야기다.

자존감은 부모로부터 존중받을 때 더욱 강화된다

부모가 훈계를 위해 한마디했는데 아이가 가만히 수긍하지 않고 꼬박꼬박 제 할 말을 하는 상황을 생각해보자.

엄마 1 어디서 버릇없이 엄마한테 말대꾸야!

엄마 2 네가 엄마에게 하고 싶은 말이 있는 모양이구나. 그렇더라도 엄마 말을 먼저 좀 들어주겠니? 그런 다음 네 의견을 말해주었으면 해.

엄마1의 경우처럼 부모의 권위를 내세워 아이의 의견을 무시하고 비판적으로 대하면 아이는 엄마의 말과 행동을 통해 자신을 보게 된다. 자신이 버릇없는 아이라서 엄마가 더 많이 화가 났다고 생각하는 것이다. 이런 일이 반복되면 어른의 말에 무조건 순응해야 착한 아이라는 왜곡된 생각을 하게 되고 자존감이 낮아질 수밖에 없다.

엄마2처럼 말할 경우는 어떨까? 자신은 존중받을 가치가 충분한 사람이며, 엄마에게 자신의 의견을 정확히 전달할 수 있을 만큼 생각이 야무진 아이라는 생각을 하게 될 것이다.

이처럼 거울자아 이론에 따르면 자존감은 부모로부터 내가 존중받을 때 더욱 강화된다. 아이의 자존감을 키워주고 싶다면 우선 부모부터 아이를 존중해주어야 한다.

물론 타인의 시선에 무작정 자신을 맞추는 것이 좋은 현상이라고 할 수는 없다. 그러나 자아를 형성해가는 단계에서의 아이로서는 부모의 시선을 통해 자신을 보지 않을 수 없다. 부모가 아이에 대해 말할 때 조심해야 하는 이유다.

천재의 거울, 로젠탈 효과

'로젠탈 효과rosenthal effect'라는 것이 있다. 캘리포니아 주립 대학교의 로버트 로젠탈Robert Rosenthal 교수가 진행한 실험에서 따온 이름이다. 로젠탈 교수는 샌프란시스코의 한 초등학교에서 지능검사를 실시했다. 그리고 그 중 20%의 학생들을 무작위로 뽑아 지능지수가 특히 높은 학생들이라며 그 명단을 교사에게 주었다. 그리고 8개월 후 다시 IQ검사를 하자 명단에 오른 학생들의 IQ가 다른 학생들보다 더 높게 나타났다. 학교 성적도 물론 더 좋게 나왔다.

선생님의 긍정적 편견이라는 거울에 자신을 비춰본 학생들이 그 기대에 부응하기 위해 더 열심히 노력했다는 것을 알 수 있다. 타인의 시선이 이처럼 무섭다.

"너는 무한한 가능성을 지니고 있단다."

"너는 글 쓰는 재능이 있구나. 분명 훌륭한 작가가 될 거야."

"곤충에 이렇게 관심이 많다니! 곤충박사라고 불러야 되겠는걸."

부모의 관심과 자녀양육 태도, 자녀를 바라보는 시선은 일생을 좌우할 수밖에 없다. 부모의 칭찬과 기대는 아이의 자존감을 키우는 양분이다.

'혼자됨'을 즐기는 아이로 키워라

자기신뢰

"너 자신을 믿어보렴."

인생을 살아가는 데 있어 큰 자산 가운데 하나가 친구인 것은 틀림없는 사실이다. 그렇기에 더더욱 자기신뢰를 통해 친구와 '따로 또 같이'의 관계를 맺을 수 있어야 한다.

친구로 인해 처음으로 상처를 받은 기억을 떠올려보라. 언제쯤인가? 개인적으로는 초등학교 5학년 때가 떠오른다. 물론 그 이전일 수도 있겠지만 현재의 기억으로는 그렇다. 정확하게 무슨 일이었는지는 기억나지 않지만, 그럼에도 매몰차게 돌아서던 친구의 등을 보며 상처받았던 기억과 친구와의 관계 회복을 위해 전전긍긍했던 기억만큼은 선명하다.

요즘 아이들은 예전보다 조금 더 빨리 '친구관계'에서 오는 스트레스에 노출되는 듯하다. 초등학교 저학년 때부터 이미 친구로 인해 웃고, 친구로 인해 우울해 하는 아이들의 모습을 보게 된다.

혼자되는 것을 두려워하는 아이

심리학자인 미국 버지니아 대학교의 티모시 윌슨Timothy Wilson 교수는 사람들이 혼자 있는 상황에서 어떻게 반응하는지 알아보는 실험을 진행했다. 실험 참가자들을 혼자 있게 하고 스스로에게 전기충격을 줄 수 있는 버튼을 주었다. 그러자 실험 참가자들은 6분에서 15분쯤 뒤부터 집중력을 잃었고, 실험 참가자 42명 가운데 절반에 가까운 18명이 고의적으로 스스로에게 전기충격을 주었다.

이처럼 인간은 혼자인 것을 못 견뎌하고 몹시 두려워한다. 무리에서 벗어난다는 것은 불안을 불러일으킨다. 하지만 혼자 있을 수 있어야 한다. 그래야만 친구와 함께 있는 것도 가능하다.

혼자 있을 수 없는 아이는 친구에게 휘둘릴 수밖에 없다. 친구에게 인정받기 위해, 무리에 끼기 위해 자신을 '파괴'하는 행동까지 서슴지 않는다. 또한 거울자아 이론에서도 알 수 있듯이 아이들은 또래의 편협한 시선을 통해 끊임없이 자신을 평가하게 된다. 이것이 반복될수록 결국 자신의 진짜 모습을 잃게 되는 것이다.

아이 인생에 친구가 필요 없다는 이야기가 아니다. 인생을 살아가는 데 있어 아주 중요한 자산 가운데 하나가 친구다. 그렇기에 더욱 친구와 '따로 또 같이'의 관계가 될 수 있어야 한다는 것이다. 이때 반드시 필요한 것이 '자기신뢰'다.

아이가 학교에서 큰 잘못을 했을 때 엄마들은 흔히 "우리 애는 원래 그런 애가 아닌데, 이게 다 친구를 잘못 사귀어서 그래요!"
라고 말한다.

친구 때문에 우리 아이가 그렇다는 이 말은 "나는 내 아이에게
자존감을 길러주지 못했고, 내 아이가 자기 자신을 신뢰하도록 기
르지 못했고, 아이를 충분한 사랑으로 보살펴주지 못했어요"라는
고백과 같다.

자존감이 있는 아이는 자기신뢰를 가진 아이이고, 자기신뢰를
가진 아이는 남에게 쉽게 휘둘리지 않으며, 자신과 마주할 수 있
는 '혼자됨'을 좀더 편안하게 받아들인다.

또한 부모로부터 충분한 보살핌을 받고 부모와의 관계가 좋은
아이는 무리에서 벗어나 혼자되는 것에 두려움을 느끼더라도 결
국은 당당히 이겨낸다. 자신은 혼자가 아니며, 어떤 경우에도 부모
가 자신과 한 편이라는 믿음이 있기 때문이다.

친구관계의 균형점, 자존감

물론 아이들은 친구를 사귀는 과정에서 수많은 부침을 겪는다. 싸
우기도 하고, 서로 오해가 생기기도 하고, 어제까지 친구였던 아이
와 다시 안 볼 것처럼 돌아서기도 한다.

성인들에게도 인간관계가 가장 어렵듯이 아이들도 마찬가지다.

어린이들을 대상으로 고민 조사를 해보면 항상 상위권에 친구 문제가 들어가는 것만 봐도 알 수 있다. 왕따 같은 심각한 문제가 아니어도 아이를 키우다 보면 자주 친구 문제로 고민하는 모습을 보게 된다.

"내가 PC방에 안 간다고 했더니 다시는 나와 안 놀 거래."
"우리 반 애가 내가 한 말을 오해하고 화를 냈어."
"걔가 다른 아이에게 내 욕을 했대. 제일 친한 친구라고 생각했는데, 어떻게 그럴 수 있어?"

요즘 워낙 왕따 문제가 사회적으로 심각하다 보니 아이에게 이런 이야기를 들을 때 부모 입장에서는 가슴이 철렁 내려앉는다. 아이가 왕따가 되지 않을까 걱정이라면 더더욱 아이의 자존감을 높여주어야 한다.

"엄마는 언제나 네 편이야. 너 자신을 믿어보렴."

자존감이 있어야 자기신뢰가 생겨나고, 자기신뢰가 있어야 자존감도 높아진다. 또한 자신을 신뢰하는 사람은 주위 환경과 타인의 변화에 큰 상처 없이 대응할 수 있다.

정신분석학자인 에리히 프롬Erich Fromm은 자신을 신뢰할 수 있는 사람만이 자신이 바라는 대로 느끼고 행동할 수 있으며, 타인 또한 신뢰할 수 있다고 말했다. 자기를 신뢰하고 나아가 타인을 신뢰할 수 있을 때 아이들은 당당히 세상 속으로 나아갈 수 있다.

5cm의 도미노부터 만들게 하라

도미노 이론

"하루아침에 모든 것을 이룰 수는 없단다."

5cm의 첫 도미노 블록을 만들 수 있도록 아이를 믿어주고, 격려하고, 도와주라. 아주 작은 도미노 조각이지만 사실 무에서 유를 창조해내는 것만큼이나 인내와 땀이 필요한 일이다.

아이들과 도미노 놀이를 해본 적이 있을 것이다. 톡 건드려 넘어진 첫 번째 도미노에서 시작된 연쇄반응은 짜릿한 쾌감을 선사하기에 충분하다.

그런데 도미노 블록 하나는 자신보다 약 1.5배 더 큰 도미노를 쓰러뜨릴 수 있다는 사실을 알고 있는가? 1983년 과학자 론 화이트헤드Lorne whitehead의 연구 결과다. 5cm의 작은 도미노 블록 하나로 시작했을 경우 7번째 블록은 약 90cm의 8번째 블록을 쓰러뜨릴 수 있고, 18번째에 이르면 피사의 사탑만한 도미노가 쓰러질 것이며, 31번째 도미노는 에베레스트 산보다도 더 높아진다. 이렇게 계속 이어 나가면 크기는 기하급수적으로 커져서 57번째 도미

218

노는 무려 대기권을 뚫고 달까지 닿을 수 있을만한 높이가 된다.

고작 5cm의 작은 도미노에서 모든 것이 시작된 것이다.

너는 지금 첫 도미노를 만들어가고 있는 거야

때로 아이들은 자신의 미숙함 앞에서 흔들린다.

> "엄마, 난 머리가 나쁜가봐. 이번에는 공부를 열심히 했는데도 성적이
> 안 올랐잖아."
> "엄마, 나는 피아노에 소질이 없나봐. 친구는 악보도 안 보고 치는데, 나
> 는 악보를 보면서도 자꾸 틀려."

아이가 이렇게 말할 때 엄마 입장에서도 무척 속이 상하다. "다음에는 더 잘할 수 있을 거야"라고 말은 하지만, 마음속으로는 '정말 우리 아이가 머리가 나쁜가?' '피아노 교습을 너무 늦게 시작했나?' 등등 온갖 생각이 든다. 이럴 때 아이에게 도미노 이론을 들려주자. 유튜브에 들어가면 작은 도미노에서 시작해서 결국 피사의 사탑 높이만한 도미노를 무너뜨리는 영상도 찾을 수 있다. 함께 보며 이야기하자.

"처음부터 잘하는 사람은 없어. 피사의 사탑만한 도미노를 쓰러뜨리기 위해선 저렇게 작은 도미노가 있어야 하는 거야. 너는 지금 작은 도미노를 만들어가고 있는 중인 거지. 작은 도미노 하나만 완성되면 나중에는 분명 피사의 사탑 같은, 아니 달에 닿을 만큼 거대한 도미노도 쓰러뜨릴 수 있을 거야."

도미노 이론의 핵심은 맨 첫 도미노, 즉 5cm의 도미노를 만드는 데 있다. 고작 5cm의 도미노이지만 사실 무에서 유를 창조해내는 것만큼이나 인내와 땀이 필요한 일이다.

아이가 우선은 작은 도미노 블록을 만들 수 있도록 도와주자. 그리고 거기서부터 시작하면 된다고 격려해주자. 그 이후부터는 그 블록이 쓰러뜨릴 수 있는 다음 블록을 차례로 배치해 나가기만 하면 된다.

아이의 첫도미노가 완성될 때까지 기다려주자

몇 번 시도해보고 지레 자신에 대해 부정적인 판단을 내리는 아이도 문제지만 조급증에 걸린 듯 기다리지 못하는 엄마들이 사실은 더 문제다.

"이번 시험 보기 전에 우리 애가 공부를 열심히 했거든요. 그런데 왜 성적이 안 오른 걸까요?"

"학원에 보냈으면 뭔가 결과가 나와야 하잖아요."

이런 말들은 아이는 이제 막 5cm의 도미노를 만들기 시작했는데, 엄마는 왜 피사의 사탑을 쓰러뜨리지 못했는지 묻는 것과 같다. 그 순간 피사의 사탑이 아니라 아이의 자존감이 무너질 가능성이 더 크다.

아이가 첫 도미노를 완성할 때까지 기다려주는 여유가 필요하다. 스스로의 능력을 믿고 긍정적으로 생각하며 포기하지 않고 앞으로 나아가기만 한다면 우리의 아이들은 분명 대기권을 뚫고도 남을 만큼의 큰 성취를 이뤄낼 것이다.

6장

아이의 회복탄력성을 높여주려면,
어떻게 말해야 할까?

Preview Summary

회복탄력성이 높은 사람은 실패마저도 한계를 뛰어넘는 기회로 여기는 사람이다. 상처입지 않는 것이 아니라 상처입는 것을 두려워하지 않고 도전해 자신의 잠재력을 꽃피우는 사람이다.

"인생을 흔히 마라톤에 비유합니다만 그 마라톤이라는 것이 42,195km의 마라톤이 아니라, 산길을 100km 이상 뛰어야 하는 울트라 산악 마라톤인 것 같은데, 어머니들 생각은 어떠세요?"

강연에 가면 자주 하는 질문인데, 엄마들은 어림도 없는 소리라는 듯 이렇게 말한다.

"어휴, 한 번이면 다행이지요. 울트라 산악 마라톤을 100바퀴쯤 뛰는 게 인생이죠."

공감되는 말이 아닐 수 없다. 울트라 산악 마라톤을 100바퀴쯤 뛰어야 하는 인생길에서 주저앉지 않고 멋지게 완주하기 위해 가장 필요한 것은 무엇일까?

지팡이 vs. 다리

명문 대학교, 좋은 직업, 안정적인 직장이 아이 교육의 목표가 될 수 있을까? 많은 부모가 아이에게 든든한 지팡이를 하나 마련해주 겠다는 심정으로 사교육 시장과 경쟁 교육에 모든 것을 건다. 문제는 그렇게 하느라 아주 중요한 것을 놓치고 만다는 것이다. 바로 두 다리부터 튼튼하게 만들어야 한다는 사실이다. 제 아무리 성능 좋은 지팡이가 있다고 해도 결코 다리를 대신할 수는 없지 않은가?

갓난아이를 안은 모든 부모는 이 세상의 모든 시련과 역경이 내 아이만은 피해 가기를 기도한다. 할 수만 있다면 자신이 아이의 든든한 울타리가 되어 세상의 모든 풍파를 막아주고 싶을 것이다. 그러나 그것은 현실적으로 불가능할 뿐만 아니라 아이를 위해서도 올바른 방법이 아니다.

온실 속의 화초로 키우지 않으려면 결국 남는 선택지는 하나뿐이다. 바로 '회복탄력성'을 키워주는 것이다. 어려운 도전 과제에도 잘 대처하고, 넘어져도 다시 일어설 수 있는 힘을 길러주어야 한다. 지팡이가 부실해도 튼튼한 두 다리로 앞으로 힘차게 달려 나갈 수 있도록 도와주어야 한다.

잠재력을 꽃피우는 힘, 회복탄력성

'회복탄력성'은 환경에 적응하는 데 그치는 힘이 아니다. 회복탄력성이 높은 사람은 실패마저도 자신의 한계를 뛰어넘는 기회로여기는 사람이다. 상처입지 않는 것이 아니라 상처입는 것을 두려워하지 않고 도전해 자신의 잠재력을 꽃피우는 사람이다.

"아이가 머리는 좋은데 공부를 안 해요."

엄마들이 흔히 하는 이 푸념에서 '잠재력'이란 머리가 좋다는것이다. 그런데 왜 공부를 하지 않을까? 여기서 말하는 머리가 좋은 아이들은 어떤 일이 쉽게 이루어지지 않으면 좌절하고 당황하는 경향이 있다. 투지를 가지고 일을 성공시키기까지 꾸준히 노력하는 대신, 쉽게 포기하고 다른 일로 넘어간다. 한마디로 회복탄력성이 낮다는 것이다.

우리 아이가 IQ150이 넘는 사람들의 모임인 멘사 회원이 되는것도 좋겠지만 100명이면 100명의 아이가 모두 멘사 회원이 될수는 없다. 그것보다는 차라리 김득신의 후예가 되도록 기르는것이 낫지 않을까?

조선 중기의 학자인 김득신은 열 살이 되어서야 겨우 글을 배우기 시작할 만큼 우둔했다. 조선시대 양반가에서 과거시험에 응시하지 못할 만큼 우둔하다는 것은 사회적으로 매장되는 일이나 진배없다. 그런 김득신을 두고 주위 사람들은 그의 아버지에게 아들을 포기하고 가문의 영광을 이어갈 양자를 들이라고 권했지만 아버지는 "나는 저 아이가 저리 미욱하면서 공부를 포기하지 않는 것이 대견스럽네"라고 말했다고 한다. 김득신은 스스로 지은 묘비명에 이렇게 적었다.

> "재주가 남만 못하다고 스스로 한계를 짓지 말라. 나보다 어리석고 둔한 사람도 없겠지만 결국에는 이룸이 있었다. 모든 것은 힘쓰는 데 달려 있을 따름이다."

김득신은 회복탄력성이 뛰어났던 사람이었기에 결국 자신의 잠재력을 꽃피워 조선 중기 최고의 시인으로 추앙받기에 이르렀던 것이다. 물론 김득신의 회복탄력성은 그의 아버지로부터 왔음이 분명하다.

몸에 상처가 났을 때 얼마 지나지 않아 새살이 돋듯이 우리 모두는 선천적으로 회복탄력성을 갖고 있다. 그것을 훼손시키지만 않아도 아이들은 저절로 변화에 적응하고 그 과정을 통해 성장하고 스스로 일어나 결과를 쟁취할 수 있다.

세상에 '단 한 사람'

카우아이섬의 비밀

"엄마 아빠는 언제나 네 편이야."

'내 아이의 단 한 사람' 부모의 역할을 가장 집약적으로 보여주는 말이다. 훈육은 필요하지만 내 아이의 '단 한 사람'을 빼앗는 방식이어서는 안 된다. 최선의 훈육은 언제나 대화다.

'이 사람만은 어떤 경우에도 내 편이야!'라고 자신 있게 말할 수 있는 사람이 있는가? 그렇다면 아마도 당신은 굉장한 회복탄력성을 갖고 있는 사람일 것이다.

"엄마는 항상 내 편이야!"
"힘들 때 돌아보면 언제나 아빠가 내 뒤에 있어."

만약 아이가 이렇게 말한다면 아이의 회복탄력성을 더이상 걱정할 필요가 없다. 무려 30년에 걸쳐 미국 하와이에 있는 카우아이섬의 아이들을 연구한 심리학자 에미 워너Emmy Werner의 연구가 그것을 말해준다.

아이들의 '단 한 사람'

회복탄력성에 대한 연구로 가장 많이 이야기되는 것이 1955년 카우아이섬에서 태어난 신생아 833명을 대상으로 한 종단 연구다. 회복탄력성에 대해 관심을 가진 사람은 누구나 알고 있을 정도로 유명한 이 연구는 사실 '어떤 요인이 삶을 불행으로 이끄는가?'를 따져 보기 위해 시작되었다.

그러나 카우아이섬 연구에서 자료 분석을 담당했던 워너는 다른 것을 발견한다. 바로 '단 한 사람'의 힘이다. 카우아이섬에서 태어난 833명 가운데서도 최악이라고 할 수 있는 환경에 놓여있던 아이 201명을 대상으로 한 연구에서 '단 한 사람'의 힘이 발휘하는 회복탄력성을 발견했던 것이다.

아이의 입장에서 무조건적으로 이해해주고 받아주는 '단 한 사람'. 그런 사람이 곁에 있었던 아이들 70여 명은 성적도 우수했을 뿐만 아니라 사회성, 자기수용성, 배려심, 뚜렷한 주관 등에서 높은 점수를 받았다.

'내 아이의 단 한 사람!'

부모의 역할을 가장 집약적으로 보여주는 말이라고 할 수 있다. 당신은 어떤가? 내 아이의 단 한 사람인가?

진정한 훈육

진정한 우정과 관련된 우화가 하나 있다. 돈을 흥청망청 쓰며 친구들과 어울려 다니는 아들을 보다 못한 아버지가 어느 날 묵직한 자루 하나를 내밀며 말했다.

"이 안에는 죽은 돼지가 들어 있다. 그러나 친구들에게는 실수로 사람을 죽였다고 해보거라. 너를 도와주는 친구가 단 한 사람이라도 있다면 앞으로 네가 누구를 만나 무엇을 하고 돌아다니든 상관하지 않으마."

아들은 아버지의 말대로 자루를 짊어지고 친구들을 찾아가 실수로 사람을 죽였는데 어떻게 해야 할지 모르겠다며 도와달라고 했지만 모두 아들을 문전박대했다. 그 모습을 보며 혀를 찬 아버지는 직접 그 자루를 짊어지고 자신의 친구를 찾아갔다.

"나를 좀 도와주게. 실수로 사람을 죽였는데, 어떻게 해야 할지 모르겠네."

그 말을 들은 아버지의 친구는 아버지를 얼른 집안으로 맞아들였다.

"얼마나 놀랐는가? 어서 들어오게. 어떻게 하는 것이 좋을지 같이 고민해보세."

우정에 대한 우화이지만 자녀와 부모 사이에서도 적용되는 우화이기도 하다. 아이가 실수를 저질러 당황하고 있을 때나 잘못을 저질러 잔뜩 위축되어 있을 때 도와줄 방법을 찾기는커녕 아이를 더 궁지에 몰아넣는 경우가 얼마나 허다한가?

"까불다가 그럴 줄 알았다."

"안 그래도 힘든데, 왜 너까지 말썽이야."

"왜 그랬어? 엄마 더 화나기 전에 빨리 대답해!"

엄마 아빠가 아이에게 이렇게 말하는 순간, 아이는 세상의 단 한 사람, '내 편'을 잃어버린다.

물론 아이에게 훈육은 필요하다. 실수를 줄일 수 있도록, 잘못된 행동을 바로 잡도록 이끌어줘야 한다. 그렇다 하더라도 내 아이의 '단 한 사람'을 빼앗는 방식이어서는 안 된다. 최선의 훈육은 언제나 아이와 대화를 나누는 것이다.

"엄마와 이야기를 좀 나눠보자꾸나. 앞으로 어떻게 해야 할지 네가 생각해볼 필요가 있을 것 같아서 그래."

"엄마 생각은 이런데 네 생각은 어때?"

"엄마가 무엇을 도와주면 좋겠니?"

진정한 훈육은 '엄마 아빠는 언제나 내 편이야'라고 아이가 스스로 생각할 때 완성된다.

아이에게 실패를 허용하라

마시멜로 챌린지

"뭐 어때? 또 해보면 되지!"

아이들에게 '완벽'하기를 요구하면 그때부터 무기력해질 수밖에 없다. 엄마의 생각과 말투에 따라 아이의 실패는 경험과 자신감으로 승화될 수도 있고, 그 반대가 될 수도 있다.

대학교 때 이런 말을 하는 교수들이 종종 있었다. "지금 무언가를 마음껏 해봐라. 실패해도 용서되는 시기는 지금이 마지막이다." 지금까지 줄곧 도전하고 실패해 왔겠지만 그것도 20대 초반까지만 허용된다는 말이었다. 실패를 용납하지 않는 우리 사회의 구조를 먼저 겪은 사람이 해주는 서글픈 조언이었던 셈이다.

그런데 요즘은 '실패'를 허용하는 연령대가 훨씬 더 낮아졌다. 낮아도 너무 낮다. 초등학교만 들어가도 아이의 실패를 두려워하는 엄마들이 많다.

실패를 두려워하면 회복탄력성도 꺾인다

아이가 학교에 입학하면 엄마들은 이렇게 말한다.

> "방학숙제, 반은 제가 하게 돼요. 선생님이 방학숙제를 평가할 텐데, 엉망으로 해서 보낼 수는 없잖아요."
>
> "선생님들도 요즘은 다들 배워서 온다고 생각하잖아요. 내일 만들기 수업이 있다고 해서, 오늘 재료 사서 연습을 시켰어요."
>
> "어제 종일 아이 사회 교과서 들여다 보며 요약노트를 만들었어요. 시험 준비시키려고요."

실패 때문에 상처를 받는 것은 사실 아이들이 아니라 엄마다. 아이들이 상처를 받는 이유도 다른 아이들 때문이 아니라 엄마 때문일 가능성이 더 높다. 실패를 용납하지 않는 엄마의 입에서 나올 말이 뻔하기 때문이다.

> "공부 못하는 애를 어떤 선생님이 예뻐하겠니?"
>
> "네가 그 모양이니까 친구들이 널 무시하지."
>
> "어휴, 내가 너 때문에 창피해서 바깥에 못 나가겠어."

그야말로 회복탄력성을 꺾어놓는 말들이다. 이런 말을 들으며 자란 아이에게 회복탄력성을 기대한다는 것은, 익은 씨앗을 심어 놓고 싹을 기다리는 것과 같다.

실패해야 경험이 쌓인다

혁신과 창의력 분야 전문가로 활동하고 있는 톰 워젝Tom Wujec이 '마시멜로 챌린지' 실험을 진행했다. 네 명이 한 팀이 되어 스무 개의 스파게티면으로 탑을 쌓고 맨 꼭대기에 마시멜로를 올려놓는 게임이었다.

각 팀은 유치원생, 변호사, 기업의 CEO, 의사, MBA학생, 건축가 등으로 나누었다. 과연 어느 팀이 제일 잘했을까? 그리고 제일 못한 팀은 어느 팀이었을까?

뜻밖에도 가장 잘한 팀은 유치원생들이었고, 꼴찌는 우수한 인재들이 모여 있다는 MBA 학생들 팀이었다.

"경영학도들은 완벽한 한 가지 방법을 찾아 논의만 하다가 마시멜로를 올려놓아야 할 시간이 다가오자 공황상태에 빠졌어요. 하지만 아이들은 마시멜로를 처음부터 이용했죠. 초기모델을 만들고 성공적인 초기모델을 발견하면 탑의 형태를 변형해가며 조금씩 더 높은 탑을 쌓아갈 수 있었던 겁니다."

워젝이 한 말이다. 아이들은 두려움 없이 도전하고 실패하면 다시 도전하고, 그러다 성공하면 그 성공모델을 변형해 다른 방식을 찾아간다는 것이다. 물론 공학을 배운 건축가들이 가장 높은 탑을 쌓았지만, 가장 흥미롭고 재미있는 탑을 쌓은 것은 아이들이었다고 워젝은 평가했다.

아이들에게 '완벽'하기를 요구하면 그때부터 무기력해질 수밖에 없다. 아이들이 자신감과 경험을 바탕으로 과제를 '완벽'하게 수행해낸다는 것 자체가 말이 안 되는 일 아닌가? 내 아이의 실패가 경험이 되고 자신감이 되느냐, 아니면 완벽만을 추구하다가 단 한 번의 실패에 무너지느냐는 엄마의 생각과 말투에 달려 있다.

역경도 해석하기 나름

기억자아

"이번 일을 겪으면서 어떤 것을 느꼈니?"

미래 예측이나 의사결정에 있어서 기억자아가 경험자아보다 훨씬 더 큰 영향을 미친다. 스스로 치유하고 교훈을 얻으면 경험자아는 다쳤더라도 긍정적인 기억자아를 얻을 수 있다.

흔히 추억은 아름답다고 말한다. 나쁜 경험으로 남은 기억에 대해서도 때로는 "힘들어도 그때가 좋았어"라고 말하는 경우도 많다. 왜 그럴까?

심리학자이면서 노벨경제학상을 수상한 특이한 이력이 있는 프린스턴 대학교의 다니얼 카너먼Daniel Kahneman 교수에 따르면 이는 우리 안에 두 개의 자아가 있기 때문이라고 한다. 현재의 순간들을 체험하는 자아인 '경험자아'와 경험들을 기억하고 평가하는 '기억자아' 때문이라는 것이다.

경험자아와 기억자아

카너먼 교수는 몹시 차가운 물에 손을 넣고 버티는 실험을 진행했다. 참가자들은 모두 두 번에 걸쳐 실험에 임했는데 편의상 두 실험을 A실험, B실험으로 나누어보자. 우선 A실험은 몹시 차가운 물에 손을 넣은 상태에서 1분을 버티는 것이었고, B실험은 차가운 물에 손을 넣은 상태에서 1분을 버티면 곧바로 미지근한 물을 부어 약간 더 나은 30초를 견디는 것이었다.

이 실험 후 참가자들에게 실험자가 물었다.

"당신은 한 번 더 손을 넣어야 합니다. 대신 A실험과 B실험 가운데 하나를 선택할 수 있습니다. 어느 쪽을 택하겠습니까?"

참가자들의 선택은 뜻밖에도 B가 더 많았다.

카너먼 교수는 이 실험의 결과를 경험자아와 기억자아가 일치하지 않기 때문이라고 해석했다. 실험을 진행하던 당시의 경험자아는 A실험이나 B실험이나 고통스럽다고 느꼈지만, 기억자아 입장에서는 고통스러운 1분에다가 덜 고통스러운 30초가 더해진 B실험이 그나마 견딜만했다고 평가했다는 것이다.

기억자아는 이처럼 우리의 경험을 평가하고 재해석한다. 미래를 예측하거나 의사결정을 할 때도 경험자아보다 기억자아가 훨씬 더 중요한 역할을 한다. 이것이 고난과 역경에 부딪쳤을 때 긍정적인 스토리텔링을 해야 하는 이유다.

'기억하는 자아'의 스토리텔링

자녀가 피아노 콩쿠르에 참여했다가 연주 중간에 무참히 실수를 했다고 해보자. 순위권에서 밀려난 아이와 집에 돌아온 후 어떤 대화를 나누어야 할까?

"괜찮아. 사람이 실수할 수도 있는 거지. 그나저나 무대 위에서 떨지 않으려면 역시 무대 경험을 많이 하는 게 중요하다는 거 너도 깨달았지? 다음 콩쿠르에도 꼭 참여하자. 앞으로 더 열심히 연습하고. 알았지?"

나름 아이를 북돋우기 위해 한 말이지만 좋은 방법이라고 할 수는 없다. 아이는 무대 위에서 이미 최악의 두려움을 맛보았고, 기억자아 또한 '다시는 경험하고 싶지 않은 공포였어'라고 판단했을 가능성이 높다. 그런 상황에서 다음 콩쿠르라니! 아이의 심정은 딱 도망가고 싶지 않을까?

대화를 통해 우선 아이의 기억자아가 오늘의 경험을 긍정적으로 해석하도록 만들어주는 것이 먼저다. 더욱이 기억자아는 엄마의 자아가 아니라 아이의 자아다. 그 아이의 자아가 고난과 역경에 대해 다른 해석을 하고 기억을 재구성하도록 도와주기 위해서는 질문만큼 좋은 것이 없다.

"이번 콩쿠르에 참가하면서 어떤 생각이 들었어?"

"생각하기에 따라서는 좋은 경험이 되었던 것도 같은데, 네 생각은
어때?"

"콩쿠르 준비하면서 좋았던 점은 뭐니?"

물론 넛지효과처럼 옆구리를 슬쩍 찔러 아이의 생각을 조금씩
엄마가 원하는 방향대로 조심스럽게 유도하는 건 괜찮지만, 그 이
상은 아이를 움츠러들게 하기 십상이라는 것을 기억해야 한다.

스스로 치유하고 교훈을 얻으면 경험자아는 다쳤더라도 긍정
적인 기억자아를 얻을 수 있다. 긍정적인 기억자아는 결국 다음에
더 나은 선택을 할 수 있는 지지대가 된다.

능력은 고정된 것? 성장하는 것!

성장 마인드셋

"키가 크듯이 능력도 성장하는 거란다."

노력이야말로 가장 소중한 '재능'임을 가르쳐야 아이가 성장 마인드셋을 갖는다. 실패를 과정
으로 여기며, 노력과 전략, 주위의 도움이 있으면 더 성장할 수 있다는 믿음을 갖게 된다.

지능은 고정되어 있는 걸까? 퇴보하거나 성장할 수 있는 걸까?

"우리 아이는 머리는 좋은데, 노력을 안 해요."

이런 푸념을 하는 엄마라면 지능은 고정되어 있다고 생각할 것
이다. 하지만 그렇지 않다. 지능은 변화한다.

하버드, 프린스턴 대학교 교수들의 연구에 의하면 '경제적으로
절박한 순간'이 되면 사람들의 IQ 지수가 13 정도 하락한다고 한
다. 하룻밤을 새거나 술에 만취해도 IQ는 떨어진다.

고정 마인드셋 VS 성장 마인드셋

스탠포드 대학교 심리학과 캐롤 드웩Carol Dweck 교수는 40여 년간에 걸친 자신의 연구를 '마인드셋Mindset'이라는 단어로 묶어냈다. 마인드셋은 사고방식, 즉 삶에 대한 태도를 뜻하는데 두 가지로 나뉜다. 하나는 지능과 재능은 변하지 않는다고 생각하는 '고정 마인드셋'이고, 다른 하나는 노력에 따라 얼마든지 변한다고 생각하는 '성장 마인드셋'이다.

드웩 교수는 지능에 관한 학생들의 믿음을 조사한 후, 지능은 타고나는 것이며 변하지 않는다는 믿음을 가진 고정 마인드셋의 학생과 노력하면 더 똑똑해질 수 있다고 믿는 성장 마인드셋의 학생으로 나누었다. 그리고 그들의 학습 목표와 학습 방법을 살펴본 결과, 두드러진 특징을 발견했다.

지능은 변하지 않는다는 생각을 가진 학생들은 자신이 얼마나 똑똑한지를 보여주거나 얼마나 멍청한지를 감추는 것이 학습 목표였다. 그래서 이해가 잘 가지 않아도 질문을 하거나 교수의 도움을 받지 않았다. 질문을 한다는 것은 똑똑하지 못함을 보여주는 것이기 때문이다.

반대로 지능이 변한다고 믿는 학생은 배움을 성장의 기회로 생각했다. 그래서 이해가 잘 가지 않으면 물어보거나, 이해를 위한 새로운 전략을 찾았다.

노력에 대한 생각도 달랐다. 고정 마인드셋을 가진 학생은 노력에 대해 능력 없음을 광고하는 행위라고 생각했고, 성장 마인드셋을 가진 학생은 노력을 똑똑해지는 방법으로 바라보았다. 어느 쪽의 학생이 더 성적이 좋았겠는가? 물어보나 마나 지능은 변한다고 믿는 학생들이었다.

고정 마인드셋과 성장 마인드셋의 차이는 시련과 역경에 부딪쳤을 때 더 확연하게 드러난다. 타고난 것은 변하지 않는다고 생각하는 고정 마인드셋을 가진 사람은 시련이 닥치고 실패했을 때 실망하고 좌절하며 포기한다. 하지만 성장 마인드셋을 가진 사람은 모든 것을 과정으로 여기며 실패를 즐기기까지 한다는 것이다.

너는 노력하는 능력을 가졌구나

가끔 이런 식으로 아이의 똑똑함을 자랑하는 엄마들이 있다.

"우리 아이는 확실히 머리가 좋은 것 같아요. 시험범위를 다 못 보고 시험을 쳤는데도 100점을 맞았답니다."

물론 부모로써 좋은 유전자를 물려준 것이 자랑스러울 수 있다. 하지만 단언하건대, 좋은 머리로 얻는 결과는 길어봐야 초등학교 때까지가 끝이다. 중등과정에 진학하고 나면 스스로 한계를 느낄 수밖에 없다. 그러나 이런 아이들은 공부를 하지 않는다. 공부를 한다는 것은 자신의 머리가 나쁘다는 것을 인정하는 것과 같기 때문이다.

아이에게 노력이야말로 가장 소중한 '재능'임을 가르치자. 노력과 좋은 전략 그리고 주위의 도움만 있으면 어떤 상황에서든 더 나아질 수 있다는 성장 마인드셋을 갖게 된다.

"너는 노력하는 능력을 가졌구나."

"목표를 이루기 위해 어떤 전략을 짜야 할까?"

"오늘 선생님께 어떤 질문을 했니? 질문하는 사람만이 더 성장할 수 있는 거란다."

아이에게 빈둥거릴 시간을 허용하라

멍 때리기 효과

"오늘 우리 한번 제대로 빈둥거려볼까?"

'멍하게 시간 보내기' '휴식 취하기'가 생산적인 활동임이 속속 드러나고 있다. 아이들에게 한가로운 것, 빈둥거리는 것은 나쁜 것이라는 생각을 주입하면 결국 죄책감만 남는다.

"아이가 아무것도 하지 않고 빈둥거리는 걸 보면 왜 그렇게 화가 나는지 모르겠어요. 수학문제 하나라도 더 풀면 좋을 텐데 그저 이 방 저 방 왔다 갔다 하느라 하루를 다 보내요."

"빈둥거리는 거 보기 싫어서라도 빨리 학원을 알아봐야겠어요. 학원에 보내놓으면 뭐 하나라도 배워오겠죠."

엄마들은 왜 아이가 아무것도 하지 않는 것을 못 견디는 걸까? 한가롭게 시간 보내기, 빈둥거리기, 멍하게 시간 보내기는 정말 나쁜 걸까?

아이들도 당연히 어른들처럼 휴식을 취할 권리, 아무것도 하지
않고 느긋하게 시간을 보낼 권리가 있다. 지금 우리는 혹시 아이
들에게서 그 권리를 빼앗고 있는 것은 아닐까?

21세기형 인재에게 꼭 필요한 생산적인 활동, 빈둥거리기

부모 세대는 어릴 때부터 "시간은 금이다"라는 말을 귀에 못이 박
히도록 들어왔다. 부모 자신도 어렸을 때는 분명 이해가 가지 않
는 말이었을 테지만 성인이 된 지금은 시간이 얼마나 쏜살같이 사
라지는지 잘 알고 있다.

그러다 보니 내 아이가 시간을 금처럼 사용해서 자투리 시간마
저도 알뜰살뜰하게 사용하기를 원한다. 부모의 욕심이 작동하는
것이다.

"영어 단어 같은 건 자투리 시간에 좀 외워두면 좋잖아요. 몇 개 되지도
않는 영어 단어 외운다고 저녁 시간 다 보낸다니까요."

거기다 "옆집 애는, 제 친구 아이는" 하면서, 저렇게 빈둥거리다
가 다른 아이보다 뒤처지면 어쩌나 불안해한다.

더 잘하기 위해서도 우리 뇌에는 반드시 휴식이 필요하다. 뇌공

학자인 카이스트 대학교 정재승 교수에 따르면 휴식을 취할 때 우리 뇌의 특정영역인 DMN_{Default Mode Network}이 활성화된다고 한다. 이 부분이 활성화되면 이제까지 수집된 정보를 평가하고 연결해 새로운 아이디어를 생성해낼 수 있다는 것이다.

흔히 멍 때리기라고 말하는 빈둥거림 같은 경우에도 창의적인 아이디어 개발에 큰 도움이 된다는 연구결과가 속속 발표되고 있다. 일본 도호쿠 대학교 연구팀의 연구결과, 아무런 생각도 하지 않은 뇌 휴식 상태에서 뇌 혈류 흐름이 원활해지는 것은 물론이고 실험 참가자들을 대상으로 '아이디어 신속하게 제시하기' 테스트를 했을 때도 높은 점수를 받았다.

지난 2014년부터 '뇌를 쉬게 하자'는 취지로 멍 때리기 대회까지 열리고 있지 않은가? 비생산적인 활동으로 여겨졌던 '멍하게 시간 보내기'나 '휴식 취하기'가 사실은 21세기 인재에게 꼭 필요한 생산적 활동임이 드러나고 있는 것이다.

회복탄력성에도 꼭 필요한 빈둥거리기

성인들의 법정 근로시간이 주 40시간이다. 하루에 8시간 동안 일하도록 법으로 강제하고 있다. 그런데 아이들은 어떤가? 학교 갔다가 돌아오자마자 학원 순례를 한다. 저녁밥도 편의점에서 삼각

김밥으로 때워야 할 만큼 시간이 빡빡하다. 9시나 10시쯤 집에 돌아와서는 또다시 학교 숙제, 학원 숙제에 매달려야 한다.

초등학교 4학년 아이가 "새벽 2시 전에 자본 적이 없어요"라고 말해서 깜짝 놀란 적이 있다. 초등학교 4학년 아이가 무슨 공부를 하기에 새벽 2시까지 못 자는 걸까?

이런 아이들이 계속되는 스트레스로 인해 결국 탈진해버리는 번아웃 증후군에 걸리지 않는다면 그것이 더 신통방통한 일일 것이다.

번아웃 증후군에 걸리면 무기력증은 기본이고 '우울하다'고 표현하는 것조차 힘들 정도의 에너지 고갈 상태를 보이게 된다. 이런 상태에서 회복탄력성을 기대한다는 것은 그야말로 어불성설이지 않겠는가? 아이들에게 한가로운 것, 빈둥거리는 것, 아무것도 하지 않는 것은 나쁘다는 선입관을 주입하면 결국 죄책감만 남을 뿐이다.

"오늘은 우리 한번 제대로 빈둥거려볼까?"
"그래, 이왕 쉬는 거 푹 쉬자. 엄마랑 누가 오래 멍 때리나 내기할까?"

이런 부모의 제안이 필요하다.

걱정하는 일이 정말 일어날까?

램프 증후군

"걱정에는 두 가지 종류가 있대."

자녀에 대한 부모의 지나친 걱정과 공포 마케팅은 결국 아이의 회복탄력성에 나쁜 영향만 미친다. 걱정하는 데 에너지를 빼앗겨 정작 성장하는 데 필요한 에너지가 부족해지기 때문이다.

마케팅 기법 가운데 공포 마케팅이라는 것이 있다. 우리 주위에서 흔히 볼 수 있는 공포 마케팅 가운데 하나가 학원 광고다. '당신 아이만 늦었어요' '지금 시작하지 않으면 영원히 뒤처져요' 이런 식의 공포심을 학부모에게 심어줌으로써 아이들을 사교육 시장으로 끌어들인다.

"너 공부 안 하면 저 사람처럼 된다."

"사는 게 호락호락한 줄 알아? 어른이 되면 알거야. 공부할 때가 그래도 제일 좋았다는걸."

엄마들도 아이들에게 이런 공포 마케팅을 한다. 아이의 미래를 끊임없이 재단하며 아이들을 공포 속에 빠트린다.

부모 입장에서는 아이를 독려하기 위해서지만 아이들 입장에서는 오지도 않은 미래에 대해 부정적인 생각을 가질 수밖에 없다. 성장을 한다는 것이, 어른이 된다는 것이 무서워질 지경이다.

부모의 걱정램프, 아이에게 대물림 된다

램프 증후군이라는 것이 있다. 마치 요술 램프의 요정 지니를 불러내듯 수시로 걱정을 불러내 안 해도 될 걱정까지 하는 현상을 말한다. 현대의 부모들은 이런 걱정요정 지니가 나오는 걱정램프를 하나씩 껴안고 산다.

"애가 책읽기를 이렇게 싫어해서 어쩌죠? 언어력이 있어야 공부도 잘 할 수 있다는데."

"공부를 이렇게 못해서 어쩌죠? 좋은 대학을 나와도 취직이 어려운 세상인데."

"애가 도무지 제 말을 안 들으려고 해요. 저러다가 애가 어긋나면 어쩌죠?"

걱정이 끝도 없다. 물론 불확실한 미래를 대비하기 위해서 어느 정도의 걱정은 필요하다. 다만 지나친 걱정, 막연하고 쓸데없는 걱정에 집착하는 것은 오히려 행동력을 저해한다. 더욱이 그 걱정을 여과 없이 아이에게 노출시키는 것은 위험하다. 아이에게 걱정요정이 나오는 램프를 떠안기는 것과 같기 때문이다.

'걱정'을 하는 데는 당연히 에너지가 소모된다. 성장을 위해 써야 할 에너지를 아이들이 엉뚱한 곳에 사용하게 되는 셈이다.

걱정을 분류해보자

부모가 걱정램프를 떠맡기지 않았는데도 유달리 예민해서 걱정이 많은 아이들이 있다. 한때 유행한 걱정인형도 이런 아이들의 심리를 보여준다.

"무슨 그런 말도 안 되는 걱정을 해?"

"쓸데없는 생각 말고 읽던 책이나 마저 읽어!"

"걱정할 시간 있으면 공부나 더 열심히 해."

이렇게 억압하면 걱정은 압력에 의해 밀도만 더 높아질 뿐이다.

"걱정에는 걱정해서 해결될 걱정과 걱정해도 해결할 수 없는 걱정, 이렇게 두 가지가 있어. 엄마는 걱정이 될 때면 이 두 가지 가운데 어느 쪽인지 생각해봐. 그럼 대개는 걱정해봐야 별 소용없는 것들이어서 그냥 툴툴 털어버리려고 노력한단다. 네 걱정은 어느 쪽인지 한번 생각해볼까?"

미국의 심리학자 어니 젤린스키Ernie Zelinski는 걱정의 96%는 하나 마나 한 걱정이라고 말했다. 걱정의 40%는 절대 일어나지 않을 일에 대한 것이고, 걱정의 30%는 이미 일어난 일에 대한 것이며, 걱정의 22%는 사소해서 쉽게 해결 가능한 고민이고, 걱정의 4%는 우리 힘으로 어쩔 도리가 없는 일이라는 이야기다. 우리가 걱정할 가치가 있는 문제는 남은 4%뿐이다.

그리고 아이들이 하는 그 4%의 걱정 또한 어른 입장에서 보면 큰 문제가 아닐 때가 더 많다. 이럴 때 직접 답을 찾아주는 것보다는 힌트를 주는 것이 좋다.

"동생이 네가 좋아하는 그림책을 찢어 버릴까봐 걱정이구나. 그럼 그림책을 어디에 놔두는 것이 좋을까?"
"감기에 걸려 주사를 맞을까봐 걱정이구나. 그럼 어떻게 해야 감기에 안 걸릴까?"

마음속 예행연습이 자신감을 키운다

멘털 리허설

"이미 성공한 것처럼 행동해보렴."

시도하게 하고, 행동하게 하고, 상상하게 하자. 상상 연습은 근육처럼 꾸준한 훈련이 필요하다는 것, 상상 속의 멋진 내 모습을 이루기 위해서는 먼저 행동해야 한다는 것을 가르치자.

아이 이번 시험, 또 망치고 말 거야. 심장이 너무 떨려서 공부가 안 돼.

엄마 그러게 평소에 공부 좀 하라고 했지? 펑펑 놀다가 시험 앞두고 공부하려니까 그렇지!

이렇게 말하는 순간, 아이의 멘탈은 유리가 되어 산산이 부서져 내린다. 그렇잖아도 불안한데 엄마가 유리멘탈을 향해 돌멩이를 던진 것이다.

| 아이 | 엄마, 나 반장 선거 안 나갈래. 분명히 유세연설을 망치고 말 거야. |
| 엄마 | 무섭긴 뭐가 무섭다고 그래? 넌 잘 할 수 있을 거야. |

엄마가 이렇게 말해봐야 큰 도움이 되지 않는다. 아이의 머릿속은 이미 유세연설에서 덜덜 떠는 모습, 친구들이 자신을 비웃는 모습이 선명하게 그려져 있기 때문이다.

정도의 차이는 있겠지만 누구나 낯선 도전 앞에서는 손에 땀을 쥐기 마련이고 실패에 대한 두려움으로 떨게 된다. 프로 운동선수들도 멘탈 코치를 따로 두고 멘탈 트레이닝을 할 정도인데, 아이들이야 오죽하겠는가? 이럴 때 자녀에게 권하는 방법이 바로 멘탈 리허설이다.

멘탈 리허설로 벽을 넘다

1954년 이전까지만 해도 인간이 1마일(약 1609m)을 4분 이내에 달리는 것은 불가능하다고 생각했다. 당시의 생리학자들은 인간이 1마일을 4분 이내에 달린다면 심장과 허파가 파열되어 사망할 것이라고 했고, 선수들은 4분 벽을 벽돌장벽이라고 불렀다. 그러나 그 벽돌장벽은 1954년 5월 6일에 깨졌다. 영국 옥스퍼드 대학교 의대생이자 육상 선수였던 로저 배니스터Roger Bannister가 기적처럼 3분 59초 4로 1마일 결승선을 끊었던 것이다.

다들 불가능하다고 했던 일을 해낸 배니스터는 골인 뒤에 가진 기자들과의 인터뷰에서 이렇게 말했다.

"지금 이런 나의 모습이 전혀 낯설지 않습니다. 나는 머릿속으로 이런 모습을 수도 없이 그려봤거든요. 나의 즐거운 꿈이 지금의 나를 행복하게 만든 것입니다."

로저 배니스터처럼 자신의 꿈이 이루어진 장면을 상상하는 것이 바로 멘탈 리허설이다. 그는 코치와 함께 달리기 훈련을 한 후 매일 1시간 동안 상상연습을 했다고 한다. 1마일을 4분 이내에 달리는 자신의 모습, 자신의 이름을 외치는 관중의 환호성과 4분 벽을 깬 뒤 기자들에게 둘러싸여 인터뷰하는 광경까지 생생하고 강렬하게 머릿속에 그렸다는 것이다.

"엄마, 나 반장 선거 안 나갈래. 분명히 유세연설을 망치고 말 거야."

아이가 이렇게 말할 때 로저 배니스터의 이야기를 들려주자.

"너도 로저 배니스터처럼 한 번 해봐. 반 친구들 앞에서 유세연설을 하는 모습을 머릿속에 그려보고, 친구들이 박수치는 모습, 반장이 되고 난 후 반을 위해 헌신하는 네 모습을 머릿속에 그려보는 거야."

행동과 꾸준함이 멘탈 리허설을 완성한다

이렇게 멘탈 리허설을 할 때 주의해야 할 점이 몇 가지 있다.

첫 번째는 한두 번의 상상연습으로 순식간에 멘탈이 강해지지 않는다는 것을 알아야 한다. 멘탈은 근육과 같다. 로저 배니스터처럼 매일 꾸준히 상상훈련을 해야만 멘탈 또한 강해진다는 것을 아이들에게 알려주자.

두 번째는 상상연습을 통한 자신의 모습을 스스로도 믿지 못하면 오히려 불안감이 커질 수 있다는 것이다. 이미 성공한 것처럼 머릿속에 그려보라고 하면 "성공하지 못할 게 뻔한데?"라던가, "그렇게 생각하니까 더 불안해"라고 말하는 경우가 있다. 바로 행동이 부족하기 때문이다.

로저 배니스터도 매일 코치와의 훈련이 끝난 후에 상상연습을 했다는 것을 기억하자. 내가 원하는 미래의 모습이 현실처럼 느껴지려면 그에 걸맞은 행동이 현재 이뤄지고 있어야 한다. 학교에서는 정말 반장인 것처럼 솔선수범하고, 친구들과 사이좋게 지내며,

집에서는 연설준비를 철두철미하게 해야만 아이 스스로도 상상을 현실로 믿게 된다. 시도하게 하고, 행동하게 하고, 상상하게 하자.

"그랬는데도 결과가 나쁘면 어떻게 해?"

"결과? 나빠도 상관없지 않을까? 진짜 나쁜 건 실패하는 게 아니라 아무것도 시도하지 않는 거라고 엄마는 생각해."

질문을 바꾸는 법을 가르쳐라

HOW 질문 효과

"아름다운 질문을 하면 아름다운 답을 얻을 수 있어."

회복탄력성이 높은 사람은 부정적인 상황에서 불평불만을 터트리는 대신 질문을 바꾼다.
새롭고 아름다운 질문에 집중하다 보면 새롭고 아름다운 방법이 보인다.

"친구들하고 함께 떠들었는데, 나만 걸렸어. 선생님은 왜 나만 미워하지?"

"누구는 픽신이 내려서 다섯 문제나 맞췄다던데, 난 픽은 게 다 틀렸어. 난 진짜 운이 없는 걸까?"

"아, 정말 학원 가기 싫다. 이게 다 엄마 때문이야. 오늘 학원은 그냥 빠져버릴까?"

좋지 않은 일을 겪었을 때 많은 사람이 택하는 방법이 불평불만이다. 아이들도 크게 다르지 않다.

불평불만은 자석과 비슷하다. 불평불만을 쏟아내다 보면 억울한 일은 더 많이 일어나고, 불운도 계속되며, 속상한 일도 잇따른다.

질문을 바꾸면 답도 달라진다

불평불만을 하는 마음은 모든 상황을 부정적으로 인식하게 만든다. 부정적 감정은 웃어넘길 수 있을 만한 일들도 더 힘들게 느끼도록 하고, 만사가 귀찮아져 당장 해야 할 일마저도 뒤로 미루게되어 마음의 불안을 키운다. 결과적으로 또 다시 불평불만을 하게되는 악순환이 계속될 수밖에 없다.

그러나 회복탄력성이 높은 사람은 부정적인 상황, 좋지 않은 상황에서 전혀 다른 질문을 한다.

'선생님과 잘 지내고 싶어. 그렇다면 나는 어떻게 해야 하지?'
'어떻게 하면 시험을 잘 칠 수 있을까?'
'학원을 안 다닐 수 있는 방법은 뭘까? 엄마를 어떻게 설득해야 할까?'

질문을 바꾸고 그 질문에 집중하다 보면 그때부터는 방법이 보이기 시작한다.

'나도 내가 말할 때 친구가 제대로 듣지 않으면 속이 상하고 걔가 미워지잖아. 선생님도 마찬가지일 거야. 앞으로는 쉬는 시간에만 친구들과 놀아야겠다.'

'픽신이라는 게 늘 내리는 것도 아니잖아? 이번 시험을 잘 분석해보고, 나의 부족한 부분을 메워야겠다.'

'엄마에게 6개월만 스스로 공부해 보겠다고 말해야겠어. 6개월 간 열심히 공부해서 학원에 가지 않아도 된다는 것을 증명해 보이는 거야.'

아이의 내면에 사는 훌륭한 스승을 일깨우자

부모는 아이의 거울이다. 부모가 먼저 질문을 바꿔야 아이도 질문을 바꾸게 된다.

"난 왜 이렇게 운이 없지?"가 아니라 "어떻게 하면 이 일을 해결할 수 있지?"라고 묻는 아빠, "왜 이런 일이 내게 일어났지?"가 아니라 "이것을 기회로 활용할 수는 없을까?" 하고 묻는 엄마를 보고 자란 아이들은 저절로 아름다운 질문을 하게 된다.

부모부터 먼저 질문을 바꾸는 연습을 하자. 그래야 아이에게도 자연스럽게 질문을 바꾸는 방법을 가르쳐줄 수 있다.

아이	난 정말 억울해! 친구들하고 함께 떠들었는데, 왜 나만 혼나야 하는 거야. 선생님은 나만 미워하시는 것 같아.
엄마	그랬구나. 네가 억울해 하는 마음, 엄마도 이해가 돼. 선생님과 잘 지내고 싶은데 그게 안 돼서 속도 상할 테고.
아이	맞아. 난 선생님과 잘 지내고 싶어.
엄마	그럼 질문을 바꿔보렴. '왜 선생님은 나만 미워하지?'라고 질문하지 말고 '선생님과 잘 지내려면 어떻게 해야 하지?'라고 질문해보는 거야.
아이	내가 선생님과 잘 지내려면 어떻게 해야 하는데?
엄마	네가 한 번 스스로 답을 찾아보렴. 아름다운 질문을 하면 아름다운 대답을 얻을 수 있단다.

아름다운 질문과 아름다운 대답의 상관관계를 말한 사람은 소설가이자 시인인 애드워드 커밍스Edward Cummings다.

7장

아이 스스로 공부하게 하려면, 어떻게 말해야 할까?

Preview Summary

인간은 누구나 '더 크고 소중한 자아상'을 갖고 있으며, 선하고 유능한 존재가 되고 싶어 한다. 공부 역시 자신을 더 크게 키우는 훈련 과정이며 자아상을 형성하기 위한 의미 있는 경험이다.

"왜 공부를 해야 하는 거야?"

아이가 이렇게 물을 때 많은 부모가 미래에 대해 이야기한다.

"공부를 잘 해야 나중에 선택의 폭이 넓어지는 거야. 나중에 네가 의사가 되고 싶은데 공부를 못해서 의대를 못 가게 되면 꿈을 이룰 수 없잖아."

하지만 이런 부모의 대답에 '아하!' 하고 유레카를 외치는 아이는 없다.

아이들에게 '나중'이라는 개념은 너무나도 막연하다. 어른이 되고나면 일 년이 순식간에 지나가지만, 아이들에게는 그렇지 않다. 엄마 입장에서는 초등학교에 갓 입학했던 자녀가 순식간에 초등 고학년이 되고 중학생이 된 것 같지만 아이에게 '대학 진학'은 너무나 먼 미래의 이야기다. 그저 환상 속의 시간일 뿐이다.

그런 아이에게 미래의 청사진이나 '선택의 폭이 넓어진다'라는 어른의 논리를 들이대봐야 눈만 멀뚱거릴 뿐이다.

공부는 자신의 힘을 키우는 의미 있는 경험이란다

공부를 하도록 동기부여를 해주기 위해 '어떻게 말해야 할까?'고 민이라면 캘리포니아 대학교의 사회심리학자인 클로드 스틸Claude Steele 교수의 연구를 눈여겨볼 만하다.

스틸 교수는 성적이 별로 좋지 않은 학생들을 대상으로 A그룹 에게는 '상위권 학생들과 경쟁해야 성공할 수 있다'라고 말하고, B그룹에게는 '공부는 자신의 힘을 키우는 의미 있는 경험'이라고 강조했다. 결과는 B그룹의 승리였다. B그룹의 성적이 크게 올랐던 것이다.

공부를 잘해야 나중에 선택의 폭이 넓어진다는 말도 사실 포장 만 그럴 듯 할뿐, 다른 아이들과의 경쟁에서 이겨야만 한다는 말 과 크게 다르지 않다. 더욱이 이유를 분명히 안다고 해서 그것이 동력으로 작동하지도 않는다. 건강을 위해 꼭 필요하다는 것을 알 면서도 다이어트나 금연, 금주에서 실패하는 사람이 얼마나 많 은가?

그렇다면 공부는 자신의 힘을 키우는 의미 있는 경험이라고 교 육받은 B그룹 학생들의 성적이 크게 오른 이유는 무엇일까? 스틸 교수가 주장한 '자기 가치 확인 이론'에서 그 해답을 찾을 수 있다. 이 이론에 따르면 인간은 누구나 '더 크고 소중한 자아상'을 갖고 있으며, 선하고 유능한 존재가 되고 싶어 한다. 공부 또한 '더 크고 소중한 자아상'을 확인하는 한 방법이라는 것이다.

이 말은 '공부'라는 단어가 가진 의미와도 맥을 같이한다. 한자로 工(장인 공)은 장인의 솜씨라는 뜻이고, 夫(지아비 부)는 훌륭한 사람, 완성된 사람을 의미한다. 즉 '훌륭한 사람이 되기 위한 훈련 과정'이 공부인 것이다.

문제는 '더 크고 소중한 자아상'이 외부의 고정관념이나 냉소적인 시선, 타인과의 비교 등에 의해서 끊임없이 훼손당하고 있다는 것이 스틸 교수의 주장이다. 이러한 부정적인 신호들이 공부를 못하게 하는 요인이라는 이야기다.

"그렇게 공부해서 나중에 대학이나 가겠니?"

"앞집 애는 학원에 안 다녀도 100점을 잘만 받아오던데 넌 학원까지 다니면서 왜 이 모양이야!"

"어떻게 책상에 5분을 못 앉아 있니?"

혹시 이런 부정적인 신호들로 아이의 '더 크고 소중한 자아상'을 훼손하고 있지는 않은가?

넌 어떤 사람이 되고 싶니?

"엄마, 공부는 왜 해야 하는 거야?"라는 질문에 마땅한 답이 떠오르지 않을 때, 대답해줘도 눈만 멀뚱거릴 때, 아이에게 질문을 던져주는 것도 한 방법이다.

"넌 어떤 사람이 되고 싶니? 그런 사람이 되려면 어떻게 해야 할까?"

"네가 가장 중요하게 여기는 가치는 무엇이니? 그 가치를 이루려면 어떻게 해야 할까?"

아이들은 엄마의 물음에 스스로 대답해보는 과정을 통해 자신의 생각, 의지 등을 새롭게 확인하는 기회를 갖게 될 것이다.

새로운 것을 알아가는 재미가 있다

톰 소여 효과

"재미있잖아"

배움은 '새로운 것을 알아가는 재미'를 위해서라고 아이에게 알려주자. 힘겨운 공부 뒤에 느끼는 짜릿한 재미를 알게 하자. "공부 그만하고 자!"라는 말을 하게 되는 날이 올지도 모른다.

세상 최고의 동기는 '재미'다. 말초적인 재미만을 이야기하는 것이 아니다. 새로운 것을 알아가는 것도 재미이고, 심금을 울리며 눈물을 쏟게 하는 것도 재미이며, 심지어는 공포에서 오는 짜릿함도 재미다.

내 주변에는 40대가 되어서 새롭게 공부에 재미를 들인 사람들이 꽤 있다. 그 중 한 명은 현재 하고 있는 일과 크게 상관없는 인문학 전공 대학원을 가더니 급기야 박사과정까지 진학한다고 했다. 그 친구에게 물었다. "지금 인문학을 전공해서 대학교수가 되겠다는 건 아닐 거고, 박사과정은 왜 진학하는 거야?"

"재미있어서!"

명쾌한 답이 아닐 수 없다. 학창시절에는 그렇게 하기 싫던 공부도 나이 마흔 넘어 하니 재미있더란다. 새로운 것을 알아가는 재미가 이렇게 좋은 건지 예전엔 미처 몰랐다나? 우리 아이들에게 공부가 가진 이런 재미를 알려줄 방법은 없을까?

친구에게 페인트칠을 떠넘긴 비결, 재미

미국의 작가 마크 트웨인Mark Twain의 소설『톰 소여의 모험The Adventures of Tom Sawyer』에서 따온 '톰 소여 효과'라는 것이 있다. 이야기는 이렇다.

장난꾸러기 톰 소여는 어느 날 울타리에 페인트칠을 하는 벌을 받게 된다. 강으로 헤엄치러 가던 벤 로저스가 그런 톰을 발견한다.

"톰, 헤엄치러 같이 안 갈래? 아참, 넌 일해야 되겠구나."

"일이라니 무슨 일? 아하, 페인트칠 하는 거. 이건 사실 일이라고 할 수도 있고 아니라고 할 수도 있지. 우리 같은 애들한테 페인트칠을 할 기회가 날마다 있는 건 아니잖아?"

그리고는 멋지게 붓을 휘저어 울타리에 칠을 조금 한 다음 몇 걸음 물러서서는 마치 작품을 감상하듯 그 결과를 살핀다. 그런 톰 소여의 행동에

혹한 벤은 결국 이렇게 말한다.

"톰, 나도 한 번 해보면 안 될까?"

"안 돼. 울타리 칠하기는 신경 써서 잘해야 하는 일이란 말이야. 이런 일을 제대로 할 수 있는 애는 아마 2천 명에 하나 있을까 말까 할걸."

"톰, 제발 나도 해보자. 응?"

신경과학자이자 미래학자인 대니얼 핑크Daniel Pink는 이 일화에 빗대 '톰 소여 효과'를 주장했다. 즉 '스스로 호기심을 가지고 재미있게 임할 때, 그 성과가 훨씬 크다는 것'이다.

공부 왜 하냐고? 재미있잖아!

아이가 책상 앞에서 울상이다. 도대체 공부를 왜 해야 하는 거냐고, 누가 공부를 만들었냐고 생떼를 부리기도 한다. 이럴 때 "공부? 재미있잖아!"라고 말해주면 어떨까?

"거짓말! 하나도 재미없어!" 아이들의 반응은 대부분 이러할 것이다. 그래도 아이가 물을 때마다 매번 답해주자.

"재미있잖아!"

거짓말 같아서 못하겠다고? 아니다. 실제로 공부를 하다 보면 재미있는 순간을 종종 만난다. 풀리지 않던 수학문제를 결국 풀었을 때의 짜릿함, 다른 사람이 모르는 것을 내가 알고 있을 때의 우쭐함, 선생님의 질문에 손을 들어 대답했을 때의 의기양양함, 계획대로 모두 다 했을 때의 뿌듯함 등이 그렇다. 아이들은 이런 감정을 만날 때마다 생각하게 될 것이다. "진짜 엄마 말처럼 공부가 재미있을 때도 있네!"라고.

아이 엄마, 그 책 재밌어?

엄마 그럼! 천문학 책인데, 우주에 대해서 새로운 것을 알아가는 재미가 꽤 특별하네.

배움은 '새로운 것을 알아가는 재미'를 위해서라고 아이에게 알려주자. 유대인들은 막 공부를 시작하는 아이들에게 배움은 꿀처럼 달콤하다는 의미로 손가락에 꿀을 찍어 히브리 알파벳 글자를 따라 쓰게 한다지 않는가?

경쟁은 타인이 아니라 자신과 하는 것

건전한 열등감 이론

"친구와 경쟁하지 말고, 너 자신과 경쟁하렴."

우월함은 다른 사람보다 우월한 것이 아니라 어제의 나보다 우월해지는 것이다.
자신의 부족한 점을 파악하고, 그 부족한 점을 보완하기 위해 노력하는 것이 우월성 추구다.

아이가 100점을 맞은 시험지를 엄마에게 당당하게 내민다. 100점을 맞았다는 자부심과 엄마의 칭찬에 대한 기대감으로 눈빛이 반짝반짝한다.

"오! 100점 맞았네!"

여기까지였다면 아이는 최고의 기분을 맛보았을 것이다. 앞으로도 열심히 해서 다음에도 100점을 받아야지, 각오를 다졌을 수도 있다. 그런데 엄마의 뒷말을 듣는 순간, 풀이 팍 죽는다.

"그런데 너네 반에 백점 맞은 아이가 몇 명이야?"

이렇게 말하는 엄마들이 정말 많다. 즉 자기 아이가 잘 하는 것이 중요한 것이 아니라 '다른 아이'보다 잘 하는 것이 중요한 엄마들이다.

서열의 맨 꼭대기는 어디인가?

성적으로 모든 것을 줄 세우기하는 우리 사회에서 다른 아이보다 내 아이가 잘 하는 것이 제일 중요하다고 생각할 수 있다. 그러나 끊임없이 남과 비교하는 것은 결코 내 아이에게 이롭지 않다.

미국 진화생물학자인 윌리엄 뮤어William Muir가 닭을 대상으로 생산성에 대한 실험을 진행했다. 알을 많이 낳는 암탉과 번식력이 왕성한 수탉으로 구성된 A집단과 생산성 높은 닭과 낮은 닭이 뒤섞인 B집단으로 나눴다. 그리고 여러 세대에 걸쳐 닭을 길렀다.

실험 결과는 어땠을까. A집단은 다 죽고 세 마리만 남았다. B집단의 닭은 전부 살아남았고 달걀도 A집단에 비해 160%나 더 낳았다. 이런 결과를 두고 뮤어는 '서열을 정하는 과정에서 많은 에너지가 소모된다. 서열에 신경 쓰지 않으면 그 에너지는 생산성으로 넘어간다'라는 결론을 내렸다.

이 이야기는 닭에 한정되지 않는다. 엄마가 끊임없이 내 아이의 서열에 집중하면 아이 또한 서열을 정하는 과정에 더 많은 에너지를 소모한다. 정작 중요한 '자신의 성장'에 쓸 에너지가 없다. 서열을 정하고 그 서열의 맨 꼭대기에 올라서는 것이 '성장'인 것 아니냐고 말하는 엄마들에게 질문을 던져본다.

'도대체 서열의 맨 꼭대기가 어디인가요?'

반에서 1등을 해도 전교에는 또 다른 1등이 있을 수 있다. 전교에서 1등을 해도 전국 1등, 세계 1등이 아닐 가능성이 훨씬 더 높다.

건전한 열등감은 성장의 촉진제다

심리학의 3대 거장 중 한명인 아들러는 '건전한 열등감'이라는 개념을 확립했다. 여기에서 '열등감'이란 흔히 말하는 열등감 콤플렉스와는 다르다. 열등감 콤플렉스가 상대와 나와의 비교를 통한 것이라면, 아들러가 말하는 '열등감'은 인간 스스로 성장을 지향하게 하는 촉진제다.

"또 2등이야. 아무리해도 저 녀석을 이길 수가 없잖아."

이것은 열등감 콤플렉스다. 아무리해도 안 되니 자포자기의 감정이 개입할 수밖에 없다.

'나 같은 게 무슨' '열심히 해도 어차피' 같은 생각을 하게 된다.

"역시 나는 암기에 많이 약하구나. 열 번을 외웠는데도 부족한 부분이 있었네. 다음에는 시험 치기 전에 꼭 한 번 더 외워야지."

이것이 건전한 열등감이다. 아들러는 건전한 열등감이란 '이상적인 나'와 비교했을 때 생기는 감정이라고 말했다. 그리고 자신의 부족한 점을 파악하고, 그 부족한 점을 보완하기 위해 노력하는 것이 '우월성의 추구'라고 정의했다. 진정한 경쟁은 다른 사람과 하는 것이 아니라 자기 자신과 하는 것이다. 우월함은 다른 사람보다 우월한 것이 아니라 어제의 나보다 우월해지는 것이다.

"경쟁은 친구와 하는 게 아니라, 너 자신과 하는 거야"라고 말해주자. 아이들이 자살을 하고, 왕따 문제가 갈수록 심각해지는 비인간적인 경쟁에서 내 아이를 구해내는 행복의 한마디가 될 것이다.

'최선'이 쌓이면 '결과'가 된다

축적의 법칙

"최선을 다했는지 스스로에게 물어보렴."

모든 것은 쌓이고 축적되어 현실로 나타난다. 시루의 물이 아래로 다 빠져버리는 것 같아도 콩나물은 자라듯이, 땅속에서 허송세월을 보내는 것 같은 씨앗이 결국 싹을 틔우듯이.

방탄소년단(이하 방탄)은 성공 비결을 묻는 질문에 줄기차게 한 가지로 답한다.

"ARMY(아미, 팬클럽)가 저희에게 날개를 달아줬기 때문이에요. 다른 이유는 없어요."

그럼 방탄에게 날개를 달아준 아미는 어떻게 생겨났을까? 분석가들은 공통적으로 방탄의 SNS 전략을 꼽는다. 방탄이 성실하게 뿌려놓은 소셜 미디어의 작은 씨앗들이 온라인에서 억만 송이 꽃을 가득 피웠다는 것이다.

스티브 잡스Steve Jobs는 유명한 스탠포드 대학교 졸업식 연설에서 '점들의 연결'에 대해 설파했다. 대학교를 보내겠다고 서약해야만 입양시키겠다고 고집한 친모와 대학등록금으로 모은 돈을 모두 내놓는 양부모에 대한 안타까움 그리고 대학교를 중퇴한 후에 들었던 서체 수업 등이 하나로 연결되어 매킨토시(초기 맥 컴퓨터)가 만들어졌다는 것이다.

작은 씨앗들이 싹을 틔우고, 작은 점들이 연결되며 '결과'로 꽃을 피우는 것, 이것이 바로 축적의 법칙이다.

구멍 숭숭 뚫린 시루에서도 콩나물은 자란다

"난 역시 머리가 나쁜가봐."

"난 역시 안 되나봐."

성적표를 받아든 아이가 이런 말을 할 때, 부모 입장에서는 애가 탄다. 부모가 봐도 아이가 이번 시험 준비를 열심히 했을 때는 더욱 속이 상한다. 세상에서 가장 안타까운 일 가운데 하나가 자식의 처진 어깨를 볼 때이기 때문이다.

성적은 포물선처럼 오르지 않는다. 작은 눈덩이만 만들고 나면 그 다음부터는 순식간에 쑥쑥 커지는 '눈덩이 굴리기'도 아니다. 마치 콩나물시루처럼 아무리 해도 밑 빠진 독에 물을 붓는 것 같은 것이 공부다. 씨앗을 심어놓아도 빈 황무지 같은 것이 공부다.

그러나 시루의 물이 아래로 다 빠져 버리는 것 같아도 콩나물은 자란다. 씨앗은 땅속에서 허송세월을 보내는 것 같아도 결국 흙을 밀어내며 싹을 틔운다. 아이들에게 이 원리를 가르쳐야 한다.

"너는 지금 기초공사를 하고 있는 거야. 바닥을 고르고 열심히 다져야지만 그 위에 건물을 세울 수 있는 것처럼 지금 너는 공부의 바탕을 하나하나 다지고 있는 거란다."

"바람에 풀풀 날리는 눈도 쌓이고 쌓이면 굵은 나뭇가지도 부러뜨릴 수 있다는 거 아니? 처음엔 공부를 해도 해도 성과가 없는 것 같지만, 어느 순간부터는 그것이 쌓이고 결국 한계를 넘어 네가 원하는 목표를 이룰 수 있게 될 거야."

쌓인 모든 것이 현실이 된다

축적의 법칙이란 그것이 긍정적인 것이든 부정적인 것이든 결국 쌓이게 된다는 것을 의미한다. 하루아침에 좋아지는 것도 갑자기 나빠지는 것도 없다. 모든 것은 쌓이고 축적되어 현실로 나타난다.

때로는 공부를 했는데도 성적이 오르지 않고, 심지어는 성적이 미끄러지는 경우도 생긴다. 이럴 때 아이에게 말해주라.

"최선을 다했는지 스스로에게 물어보렴. 만약 그렇다는 대답이 나온다면 그걸로 된 거야."

부모들 눈에는 아이가 아무 생각없이 놀기만 하는 것 같지만 전혀 그렇지 않다. 사실 아이들도 공부를 잘하고 싶어 한다. 각종 설문조사에서 초등학생의 고민 1순위도 '공부', 제일 잘하고 싶은 것 1순위도 '공부'인 것만 봐도 알 수 있다.

아이 엄마, 생각해봤더니 최선을 다하지 않은 것 같아.

엄마 그렇구나.

아이 하지만 다음에는 최선을 다할 거야. 최선을 다하다 보면 분명 공부를 잘 하게 되겠지?

엄마 그럼. 당연하지.

아이들과 이야기하다 보면 판단이 어른 못지않다는 것을 자주 경험하게 된다. 이제 엄마는 아이와 함께 최선을 다할 수 있는 방법을 찾아주는 코치가 되고, 아이를 응원하고 지지해주는 치어리더가 되면 된다.

시험 준비를 열심히 하지 않는 이유

자기불구화 전략

"점수보다 네가 얼마나 열심히 공부했느냐가 더 중요해."

"공부를 안 했는데도 성적을 잘 받았구나"라는 말은 칭찬이 아니다. 자존감을 살려주는 말도 아니다. 결과와 상관없이 시험을 준비하는 과정에서의 노력을 칭찬해야 더 열심히 공부한다.

학창시절, 시험날만 되면 "나 어젯밤에 10시도 되기 전에 자버렸지 뭐야. 오늘 시험 완전 망칠 게 틀림없어"라고 말하는 친구가 꼭 있었다.

시험을 잘 치면 자신의 머리가 좋아서고, 못 치면 자신이 노력하지 않았기 때문이라는 방어막을 미리 쳐두는 셈이다.

"우리 애는 교과서를 아예 못 보고 문제집 한 권 겨우 풀고 시험을 쳤거든요. 그런데도 이번에 올백을 받았지 뭐예요."

주변에 이렇게 말하는 엄마도 꼭 있다. 이런 말을 하는 엄마들을 보면 '도대체 이 엄마가 하고 싶은 말이 뭘까?' 의아해진다. 자신의 아이가 머리가 좋다는 것을 자랑하고 싶은 걸까? 아니면 당신의 아이보다 내 아이가 월등하다는 것을 확인하고 싶은 걸까? 이도저도 아니면 자신의 아이에게 '넌 공부를 안 해도 성적을 잘 받는 아이야'라는 생각을 갖게 하려는 걸까?

자존심을 지키기 위한 변명

'자기불구화 전략'이라는 심리법칙이 있다. 실패할 경우 다치게 될 자신의 자존심을 보호하기 위해서 스스로 변명 거리를 미리 만들어두려는 심리현상을 말한다. 자기불구화 전략은 미국의 심리학자 에드워드 존스Edward Jones와 스티븐 버글라스Steven Bergas가 발견한 현상이다.

이들은 실험 참가자에게 지적 능력을 향상시키는 약과 지적 능력을 방해하는 약의 효과를 실험할 예정이라고 말했다. 그런 다음 참가자들을 반으로 나눠 두 그룹으로 구분했다. A그룹에게는 쉬운 문제를 풀게 될 것이라고 말하고, B그룹에게는 어려운 문제를 풀게 될 것이라고 알렸다.

두 그룹은 각각 자신이 원하는 약을 선택할 수 있었는데, 지적 능력을 방해하는 약을 더 많이 선택한 그룹은 어디일까? 바로 B그룹이었다. B그룹은 무려 70%나 지적 능력을 방해하는 약을 선택했고, A그룹은 단 13%만이 선택했다.

"내가 이 문제를 풀지 못한 이유는 내가 몰라서가 아니야. 지적 능력을 떨어뜨리는 약을 먹었기 때문이라고!"

B그룹의 70%에게는 문제를 풀지 못했을 때 이런 변명이 필요했던 것이다.

잘못된 칭찬이 '자기불구화 전략'을 부른다

"우리 애는 공부를 정말 안 했는데도 백점을 받았어요." 자신의 아이가 듣고 있는데도 다른 사람에게 이렇게 자랑을 하는 엄마들을 보면 아찔해진다. 아이에게 '자기불구화 전략'을 가르치고 있는 것이나 진배없기 때문이다.

이런 말을 들은 아이들은 '엄마는 내가 공부를 별로 안 한 상태에서 점수를 잘 받아야 기분이 좋은 거구나' '공부를 안 하고 점수를 잘 받아야 머리가 좋은 거구나' 이렇게 생각한다.

이런 과정을 통해 자신의 머리가 좋다는 것에 대단한 자부심을 갖게 된 아이는 성적이 잘 나오지 않았을 때 더 열심히 공부하는 것이 아니라 다른 이유나 변명을 찾는다.

'이번엔 선생님이 시험문제를 이상하게 출제한 거야. 난 공부를 안 해도 점수를 잘 받을 수 있는 아이인걸.'
'이번엔 내가 문제집을 한 권도 안 풀었기 때문이야. 내가 공부를 정말 안 했기 때문이라고.'

이런 변명이 반복되면 실제로 아이의 행동으로 나타난다. 어떻게든 공부를 하지 않기 위해 온갖 전략을 구사한다. 시험 공부를 하라는 엄마의 잔소리에도 꿋꿋하게 버틴다. 엄마에게도 이렇게 핑계를 대야 하기 때문이다.

"엄마도 알잖아. 이번에 내가 공부를 안 했다는 거 말이야. 제대로 하기만 하면 올백을 맞을 거라니까."

"공부를 안 했는데도 성적을 잘 받았구나"라는 말은 칭찬이 아니다. 아이의 자존감을 살려주는 말도 아니다. 결과와 상관없이 시험을 준비하는 과정에서의 노력을 칭찬해야 아이가 공부를 더 열심히 한다.

자기불구화 전략으로 당장은 자존심을 지키거나 우쭐해질 수 있을지도 모른다. 그러나 결국은 아이로 하여금 낮은 동기만을 추구하도록 하거나 어려운 일에 도전하지 못하게 막으며 결과적으로 자기주도 학습의 의지 또한 떨어뜨린다.

아이가 공부를 좋아한다고 착각한다면?

뇌의 착각 효과

"이 문제를 풀 때, 눈이 반짝반짝 하더라."

우리는 현실과 뇌가 일으키는 착각을 잘 구분하지 못한다. 이것을 살짝 응용하면 아이에게 '자신은 공부하는 것을 즐긴다'는 착각을 불러일으킬 수 있다.

"아는 것은 좋아하는 것만 못하고, 좋아하는 것은 즐기는 것만 못하다"라는 말이 있다. 『논어』에 나오는 말이다. 공부라는 것도 그렇다. 아이가 공부를 좋아한다면, 좋아하는 것을 넘어서 즐긴다면 얼마나 좋겠는가? 아마도 그런 아이가 있다면 성적은 더이상 걱정하지 않아도 될 것이다. 모르긴 몰라도 아이와 엄마가 벌이는 '밀당'이 절반 이하로 줄어들기도 할 것이다.

어차피 해야 하는 공부라면 좀 기분 좋게 하면 오죽 좋을까? 엄마들의 한결같은 이 바람에 도움이 될 만한 심리학 실험이 있다. 바로 '뇌의 착각 효과'다.

뇌는 착각과 조작에 능하다

미국 뉴욕주립대학교 심리학과 스튜어트 밸린스Stuart Valins 교수 연구팀은 남성으로 구성된 실험 참가자들에게 여성의 사진 열 장을 보여주고 자신의 심장 박동 소리를 스피커로 들려주는 실험을 진행했다.

이때 실험 참가자들에게 들려준 심장 박동 소리는 실제 실험자의 심장소리가 아니라 가짜로 녹음된 심장소리라는 것이 이 실험의 핵심이다. 심장이 제일 느리게 뛰는 여성의 사진을 볼 때, 실험 참가자에게는 반대로 가장 빨리 뛰는 가짜 심장소리를 들려주었던 것이다.

그런 다음, 사진을 호감도 순으로 나열하게 했을 때 재미있는 결과가 나타났다. 실제 자신의 심장이 가장 느리게 뛰었으나 스피커로 들린 소리는 가장 빨랐던 여성의 사진을 다들 호감도 1순위로 꼽은 것이다.

심지어는 뇌가 기억을 조작하기도 한다. 영국 헐 대학교 심리학과의 줄리아나 마조니Giuliana Mazzoni 교수는 1,600명의 학생을 대상으로 어린 시절의 기억을 조사했다. 그리고 그의 부모나 형제에게 실제 그런 일이 있었는지 물었는데 이 가운데 20%는 실제 일어나지 않은 일이었다.

이처럼 우리 뇌는 자주 착각과 조작을 일으킨다. 이를 응용해보면 아이에게 '나는 공부하는 것을 좋아한다'라는 착각을 불러일으킬 수도 있다.

나는 공부하는 것이 즐거워!

우선, 밸린스 교수가 실험 참가자들에게 가짜 심장소리를 들려주었던 방식을 응용해보자. 아이가 평소보다 약간 더 어려운, 그러나 정답을 맞힐 수는 있는 수준의 문제를 풀기 위해 집중하고 있는 순간을 포착한다. 그리고 이렇게 말해주는 것이다.

"너 이 문제 풀 때 눈빛이 반짝반짝 하던걸! 호기심과 의지가 팍팍 느껴지던데!"

아이가 계획표대로 공부를 빨리 끝낸 날도 좋은 기회다.

"공부하는 게 재미있나 보네. 옆에서 보면 네 입가에 미소가 떠올라 있거든. 지금도 웃고 있는데, 거울 보여줄까?"

마조니 교수의 방법을 사용해 보는 것도 한 방법이다. 예를 들어 어릴 때 책을 제법 읽던 아이가 학년이 올라갈수록 책을 읽지 않아 걱정이라면, 기억에 약간 양념을 쳐서 동기부여를 하는 것이다.

"넌 어릴 때부터 책을 참 좋아했어. 책을 읽어줘야지만 잠을 잤다니까. 그래서 할머니가 너를 책벌레라고 놀린 적도 있는데 기억나지? 할머니는 네가 책 읽는 모습을 볼 때마다 참 대견해 하셨어."

사실 할머니가 '책벌레라고 놀린 일'이 없었어도 크게 상관은 없다. 아이의 머릿속에는 이미 책 읽는 자신의 모습을 흐뭇하게 바라보는 할머니의 모습이 그려지기 마련이고, 그것은 곧 자신의 자아상이 된다.

계획은 한 걸음부터

호프스태터의 법칙

"이거 세 가지만 하면 마음껏 놀아도 좋아!"

아이가 '저 정도는 나도 할 수 있겠다'라고 느낄 정도로 계획을 짜야 한다. 성취감은 아이의 뇌를 중독시키고 행동하게 만드는 힘이 된다.

'내 아이도 저랬으면' 하고 모든 엄마가 부러워하는 남의 아이는 어떤 아이일까? 아마 '억지로 시키지 않아도 스스로 척척 알아서 공부하는 아이'가 아닐까?

공부하기 싫어 도리질하며 도망가는 아이 뒤꽁무니를 쫓아가 '공부해라, 공부해라, 공부해라' 이렇게 노래를 불러야 간신히 책상에 앉는 아이를 보면 한숨이 절로 나온다. 남의 집 아이는 스스로 알아서 잘만 하는 공부를 왜 내 아이는 스스로 하지 않는 걸까?

공부는 습관이다

이유는 어릴 때 들인 스스로하는 '습관'에 있다. 우리 뇌는 과거 경험에 의존해 판단하고 행동하기 때문에 한 번 들인 습관은 좀체 그만두기 힘들다. 그 행동을 하지 않으면 오히려 불안해진다. 세 살 버릇 여든까지 간다는 말이 있듯이, 공부도 스스로 하는 습관이 들면 초등학교, 중학교, 고등학교를 지나 대학교까지 든든한 버팀목이 된다. 그렇다면 어떻게 스스로 공부하도록 습관을 들일 수 있을까?

초등학교에 자녀를 입학시킨 엄마가 이 문제로 고민을 하기에 '계획표 짜기'를 제시했다. 방식은 이렇다. 매일 해야 할 일정량의 공부를 아이와 의논해서 정한다. 그런 후 종이 한 장에 일주일치 계획표를 만든다. 예를 들어 '숙제하기, 수학 문제집 세 장 풀기, 영어동화 테이프 1회 듣기'로 정했다면 그 내용을 종이의 왼편에 적고 그 옆에 월요일부터 금요일까지 다섯 개의 칸을 그리는 것이다.

그렇게 만든 계획표를 책상 옆 잘 보이는 위치에 붙여놓는다. 아이는 매일매일, 그날 해야 할 일을 끝낸 후 요일별 칸에 스스로 동그라미를 그리면 된다.

그런데 얼마 후 만난 그 엄마는 뜻밖에도 한숨을 쉬며 고개를 절레절레 저었다.

"작심삼일이라더니, 우리 애도 그런가 봐요. 아니, 3일이 뭐야, 겨우 이틀 실천하고는 다시 나 몰라라 하는 거예요."

그 엄마와 이런 저런 대화를 나눠보던 필자는 어처구니없는 웃음을 터트릴 수밖에 없었다. 아이가 매일 매일 실천해야 하는 것이 무려 열 개나 되었던 것이다. 수학만 해도 하루에 실천해야 하는 계획이 세 개나 되었다. 계산력을 높이는 단순계산 문제집 세 장, 학교 진도에 맞춘 문제집 세 장, 사고력 문제집 세 장을 공부해야 하는 식이었다. 그 외에 영어공부, 학교 숙제, 피아노 연습하기 등이 들어가니 매일 실천해야 하는 공부 계획이 열 개였다.

계획이 이렇게 많으니 이제 갓 초등학교에 들어간 아이 입장에서는 계획표를 보기만 해도 숨이 막히지 않았을까?

부모의 욕심이 '스스로 공부' 습관을 망친다

호프스태터의 법칙이라는 것이 있다. 미국의 유명한 인지과학자인 더글러스 호프스태터Douglas Hofstadter가 정립한 것으로 '모든 일은 예상보다 오래 걸린다'라는 법칙이다. 처음에는 의욕이 넘치고 스스로의 능력을 과대평가하는 상태에서 계획표를 짜지만, 머지않아 게으름이 올라오면서 의욕이 꺾이고 자신의 능력에 대해서도 회의를 가지게 되면서 계획이 흐트러지게 된다는 것이다.

엄마들은 대체로 이 호프스태터의 법칙에 걸려든다. 처음 아이와 계획을 세울 때 엄마는 의욕과잉 상태다. '내 아이가 천재까지는 아니어도 영재 정도는 될 것'이라고 믿어 의심치 않는다.

아이가 이제 겨우 공부 습관을 들이려고 한다는 것을 잊고 엄마의 기준에 맞춰 계획표를 짠다. 그러다 보니 '아침식사-공부-점심식사-공부-저녁식사-공부' 못지않은 비현실적인 계획표가 만들어지는 것이다.

아이에게 계획표대로 실천하는 습관을 들이려는 이유는 당장의 효과를 위해서가 아니다. 앞으로 해야 할 공부의 뿌리를 만들어주기 위해서다. 처음에는 매일 해야 하는 공부의 양을 아이의 능력보다 낮게 잡아야 한다.

"매일 이거 세 가지만 하면 마음껏 놀아도 좋아."

아이가 '저 정도는 나도 할 수 있겠는걸' 하는 생각이 들어야 실천력이 높아진다. 그날 해야 할 일을 모두 끝마쳤을 때 느끼는 성취감은 뇌를 중독시킨다. 내일도 모레도 아이를 행동하게 만드는 힘이 된다.

"엄마! 동그라미가 꽉 채워졌어!"

동그라미가 가득 그려진 일주일치의 계획표를 보며 아이는 뿌듯해진다. 엄마의 백마디 칭찬보다 더 확실한 보상이다. 공부의 양을 늘리는 것은 공부 습관이 완전히 자리를 잡은 후에 해도 늦지 않다.

어중간한 숫자로 아이의 마음 흔들기

우수리 효과

"48분 동안만 공부하자."

알면서도 속는 것, 무척 사소해 보이지만 절대 사소하지 않은 것이 우수리 효과다. 막상 공부하다 보면 '이것만 마저 공부하고'라는 생각에 아이 스스로 공부를 더하는 경우도 제법 많다.

우리는 보통 딱 떨어지는 숫자를 좋아한다. 그래서 아이를 공부시킬 때, 주로 이렇게 말한다.

"두 시간이면 끝나겠네!"
"30분만 더 하자."
"세 장만 더 풀어."

대형마트에 가서도 9,990원이라고 적힌 가격표를 보고 말한다. 만 원이면 만 원이지 9,990원이 뭐냐고. 하지만 우리는 의외로 이 10원 차이에 약하다. 10원이 더 저렴하기 때문만은 아니다. 어중간한 숫자에 마음이 흔들리기 때문이다. 바로 '우수리 효과'다.

'9'의 마술

우수리는 물건값을 제하고 거슬러 받는 잔돈을 뜻하는 말이다. 그러니까 우수리 효과는 이 잔돈 효과를 말한다. 가격표에 적힌 값이 잔돈처럼 저렴하게 느껴지도록 만드는 것이다.

심리학자 니콜라스 게겐Nicolas Gueguen이 우수리 효과를 알아보기 위한 실험을 진행했다. 200세대를 방문해 팬케이크를 판매한 것이다. 100세대에 가서는 1개에 1.99프랑이라고 말하고, 다른 100세대에 가서는 2프랑에 판매를 했다.

결과는 1.99프랑의 승리였다. 우수리가 있는 금액으로 판매한 경우에는 59%가 팬케이크를 샀지만, 2프랑에 판매한 세대에서는 45.5%의 세대만이 팬케이크를 구매했던 것이다.

요즘 이 우수리 효과를 모르는 소비자들은 없다. 그럼에도 유통업체에서는 20,000원이나 5,000원 등 딱 떨어지는 숫자가 아닌 19,990원이나 4,890원이라고 적힌 가격표를 포기하지 않는다. 그만큼 강력하기 때문이다.

'절대로 9의 마술에 속지 말아야지. 저 숫자는 교묘한 심리기술일 뿐이야'라고 생각하는데도 희한하게 딱 떨어지는 가격이 적힌 물건보다 어중간한 숫자가 적힌 물건이 더 저렴하게 느껴진 경험, 다들 있을 것이다.

나 또한 어중간한 숫자가 소비자의 심리를 현혹한다는 것을 알면서도 자주 유혹에 넘어가고는 한다. 그러다 보니 물건 값을 다 합치면 8만 원쯤 될 것이라고 생각했는데, 막상 계산대에서 계산을 하면 10만 원이 넘어가는 경우도 많다. 또 깜빡 속은 것이다.

30분보다는 29분, 3장보다는 2장 반

우수리 효과는 아이들에게도 잘 통하는 심리 효과다. 아이 입장에서는 하기 싫은 공부를 1분, 1초라도 덜해서 이득이기도 하지만, 심리적으로도 1시간, 30분이라는 시간보다는 어중간한 시간이 훨씬 짧게 느껴지기 때문이다.

아이 오늘은 영어공부 안 하면 안 돼? 친구와 놀이터에서 만나기로 했단 말이야.

엄마 그렇구나. 하지만 영어공부를 안 하는 건 곤란한데, 그럼 오늘은 딱 49분간만 공부하자.

평소에 1시간 하던 영어공부를 49분간만 하라고 하면 갑자기 마음이 혹해진다. 1시간보다 11분 줄었지만 느끼기에는 30분쯤 줄어든 것 같다. '그 정도는 하고 놀지 뭐' 하는 생각이 드는 것이다.

아이 수학 문제집 세 장 풀기 오늘은 안 하면 안 돼? 다른 건 다 했는데, 머리가 아파서 더는 못하겠어.

엄마 그럼 오늘은 수학 문제집을 2장 반만 풀자.

아이 정말?

엄마 그래. 딱 2장 반만 풀고, 밖에 나가서 신나게 노는 거야.

"안 돼, 3장 다 풀어"라고 말했다면 도리질을 쳤을 아이가 마음이 한결 가벼워져 다시 의자에 앉는다.

'에이, 아이가 그런다고 속을까?' 싶지만, 초등학교 저학년 아이들에게는 정말 잘 통하고, 고학년 아이들에게도 뜻밖에 쉽게 통한다. 어떨 때는 아이가 엉뚱한 협상을 걸어올 때도 있다.

아이 57분 말고 55분만 공부하면 안 돼?

엄마 음… 그럼 엄마도 양보하고 너도 양보해서, 딱 56분 동안 공부하자.

아이 좋아!

결과적으로 한 시간에서 4분 정도 줄어든 셈이지만, 아이는 한결 가뿐하게 받아들인다.

막상 공부를 하다 보면 아이 스스로가 '이것만 마저 풀고, 여기까지만 마저 외우고' 하는 생각이 들어 정해진 시간보다 공부를 더하는 경우도 제법 많다. 시작이 어려울 뿐, 막상 시작하고 나면 공부에도 탄력이 붙기 때문이다.

아이만의 루틴을 만들어주어라

루틴 효과

"시험 치기 전, 양손을 꽉 쥐어봐."

시험을 앞두고 불안해 하는 아이에게 루틴을 만들어주자. 굳이 거창한 것이 아니어도 된다. 아이가 그 동작을 함으로써 심리적인 안정을 얻을 수 있는 것이라면 무엇이든 상관없다.

학생들의 기를 팍 죽인 전설적인 책이 하나 있다.『공부가 제일 쉬웠어요』이 책이 나온 지 20년이 넘었는데도 아직도 엄마들 입에 오르내리는 걸 보면 그 영향력이 대단하다. 하지만 이 책을 쓴 김승수 변호사는 책 제목은 자신이 직접 지은 것이 아니라 출판사의 권유에 따른 것이었다고 어느 인터뷰에서 고백했다.

어쨌거나 사회에 나와 인생의 무게를 감당하는 성인이 되고 보면 가끔 '맞아. 이러니저러니 해도 공부가 제일 쉽긴 하지. 다시 학창시절로 돌아간다면 정말 열심히 공부할 텐데'라는 생각이 들 때가 있다.

하지만 이것은 어디까지나 인생의 쓴맛, 단맛을 다 맛본 성인이 된 이후의 생각이라는 것이 함정이다. 학창시절 인생의 쓴맛과 단맛은 다름 아닌 공부다. 아니, 좀더 정확히는 '성적'이다.

아이만의 루틴을 만들어보자

아이들이 시험 전에 느끼는 압박감은 상당하다. 소화불량, 복통, 설사 등의 신체적 반응이 나타나거나, 사소한 자극에도 짜증을 내며 극도의 무력감을 느끼기도 한다. 시험지를 앞에 두고 머릿속이 백지처럼 하얗게 변하는 경험을 하기도 한다.

그런데 이러한 시험 불안증은 아이들만의 문제가 아니다. 최고의 기량을 가졌다고 공식적으로 인정받는 프로선수들도 시합 불안증에 시달린다. 그래서 이들이 사용하는 방법이 '루틴'이다.

수영선수 박태환은 물에 뛰어들기 전 음악을 듣는다. 골프 황제 타이거 우즈Tiger Woods는 퍼팅하기 전에 웅크리고 앉아 공의 속도와 커브를 계산한다. 야구선수가 타석에 나서기 전에 방망이를 휘두르는 것, 농구선수가 자유투를 던지기 전에 공을 몇 번 튀기는 것도 루틴이다.

루틴이 적힌 수첩을 이용하는 선수들도 있는데, 두 번의 올림픽에서 금메달을 획득한 기보배 양궁 선수의 수첩에는 '신중하게 쏘는 것, 내 자세와 기술을 믿는다, 긍정적' 같은 문구가 적혀 있다.

루틴은 '이것을 하면 일이 제대로 안 풀린다'거나 '이건 꼭 이렇게 된다' 등의 운명론적인 징크스와는 다른 개념이다. 특정한 생각과 행동을 일상화, 자동화함으로써 불안요소를 없애고 심리적인 안정과 집중력을 높이는 적극적인 습관인 것이다.

시험을 앞두고 불안해하는 아이에게도 이런 루틴을 만들어주자. 굳이 거창한 것이 아니어도 된다. 아이가 그 동작을 함으로써 심리적인 안정을 얻을 수 있는 것이라면 무엇이든 상관없다.

힘이여, 솟아라 - 파워포즈 효과

루틴 자세로 뭐가 좋을지 부모도 아이도 마땅하게 떠오르는 것이 없다면, '파워포즈'를 권한다.

하버드 대학교의 사회심리학의 에이미 커디Amy Cuddy 교수는 실험 참가자들에게 2분간 각각 두 가지의 자세를 취하게 했다. 첫 번째는 팔과 다리를 활짝 펼치고 견고하게 선다거나 허리에 손을 얹고 당당함을 드러내는 등 파워풀한 포즈를 취하도록 했고, 두 번째는 의자에 앉아 몸을 웅크린다거나 팔로 자신의 몸을 감싸는 등 약함을 드러내는 포즈를 취하게 했다. 그리고 각 자세가 끝날 때마다 도박을 해보라고 했는데, 도박이라는 위험요소에 얼마나 대응하는지를 알아보기 위해서였다. 그 결과 첫 번째 자세를 취한 이후에는 86%가 도박에 참여했지만, 두 번째 자세를 취한 후에는 단지 60%만이 도박에 참여했다.

호르몬 검사에서도 파워풀한 포즈를 취한 사람은 힘, 용기, 자신감 등을 담당하는 테스토스테론이 20% 늘고, 스트레스 호르몬인 코티졸은 25% 줄어든 것으로 나타났다. 반대로 약한 포즈를 취한 사람은 테스토스테론이 10% 줄고, 코티졸이 15% 증가했다.

포르투칼 리스본 대학교의 토머스 슈베르트Thomas Schubert 교수는 가위바위보 게임에서 바위를 내듯이 주먹을 꽉 움켜쥔 상태에서 심리 테스트를 받으면 내담자들이 적극적으로 변하고 자신감이 붙었지만 가위를 내는 조건에서는 이러한 향상 효과가 없었다고 밝혔다.

시험을 치기 전에 어깨를 쫙 펴고 턱을 약간 치켜든 채 만세 자세를 취해보라고 아이에게 조언해주자. 선생님이나 친구들의 눈치가 보여 만세가 힘들다면 주먹을 꽉 쥐어보라고 하는 것도 좋다. '이까짓 시험! 내가 이기고 말 테다!' 하는 생각과 함께 스트레스가 줄고 아이의 멘탈은 도전 정신과 자신감으로 무장된다.

말투 기술의 알파와 오메가, 사랑&존중

말투의 기술은 '사랑과 존중'으로 완성된다. 정말 사랑한다면 자녀의 방식대로 사랑해야 한다. 그것이 바로 존중이다. 부모의 입장에서 부모의 방식대로 사랑하는 것은 욕심이고 집착이다.

"나도 당장 말투부터 바꿔야지!"라고 결심하고 바로 오늘부터 실천 '1일' 한다면, 이 책은 자기의 역할을 다한 셈이다. 그럼에도 아이를 키우다 보면 '이럴 때는 어떻게 말하라고 했더라?' 생각이 잘 나지 않을 때가 분명 있을 것이다. 그때는 이것만 기억해도 좋다. 바로 '사랑과 존중'이다.

사랑에는 거리가 필요하다

사랑에 대해서는 더이상 말할 필요가 없다. 사랑이 모든 것의 시작임에는 분명하다. 다만 그러다 보니 자주 잊는 것이 있다. 모든 사랑에는 '적당한 거리'가 필요하다는 사실이다. 자식은 소유물이 아님을 머리로는 알지만 가슴으로는 받아들이지 못한 결과다.

'고슴도치 효과'라는 것이 있다. 사랑에는 적당한 거리가 필요하다는 것을 말해주는 우화에서 따온 이름이다. 매서운 바람이 몰아치는 한 겨울, 고슴도치 두 마리가 추위에 덜덜 떨고 있다. 상대의 온기가 꼭 필요하지만 끌어안을 수는 없다. 서로의 몸에 난 가시 때문이다. 추위 때문에 서로 멀리 떨어질 수는 없었던 고슴도치 두 마리는 결국 서로의 온기를 느낄 수 있으면서도 서로를 아프게 하지 않는 적당한 거리를 찾는다. 그제야 둘은 편안해진다.

생리적 욕구를 의지해야 했던 어린 시절은 다르겠지만 '나'라는 개념이 생긴 후부터 아이들은 서서히 부모와 거리를 벌린다. 부모의 온기를 느낄 수는 있지만 부모의 가시에 찔리지는 않을 정도의 거리를 찾는 것이다. 부모가 이것을 인정하지 않을 경우 결국 상처를 받는 것은 '내 아이'다.

아들러는 열등감 콤플렉스의 원인을 '양육태만'과 '과잉보호'라는 양극단의 양육 태도에서 찾고 있다. 부모의 온기를 느낄 수 없을 정도로 아이를 방치하는 것도 문제지만 지나치게 꼭 껴안은 채 서로에게 상처를 주는 것도 심각한 문제가 따른다는 이야기다.

그렇기 때문에 '제대로' 사랑하고 있는지 돌아볼 필요가 있다.

사랑에는 존중이 필요하다

세상에 가장 욕심이 많은 사람은 어쩌면 부모인지도 모른다. 아이가 자랄 때는 부모의 바람대로 잘 따라 기대치를 만족시켜주는 아이, 뛰어난 성과로 부모를 기쁘게 해주는 아이이기를 바란다. 그리고 그 모습 그대로 자라 최고의 성공과 행복을 누리기를 소망한다.

"다 저 잘 되라고 그러는 거지요. 사랑하니까."

일면 맞지만, 한편으로 틀린 말이기도 하다. 부모는 아이를 사랑해서 아이가 잘 되라고 야단치고 잔소리도 한다지만 부모의 입장에서 부모의 방식대로만 사랑하는 것은 욕심이고 집착일 뿐이다.

아이들은 "저는 부모님과 함께 대화를 나누고 즐거운 시간을 보낼 때 사랑받고 있다는 걸 느껴요"라고 말하는데, "다 너를 사랑해서 밤늦은 시간까지 학원에 보내는 거야"라고 대답한다면, 과연 아이가 부모의 사랑을 느낄 수 있을까?

아이들은 "저는 인정받고 싶어요. 저를 있는 그대로 사랑해주실 수는 없나요?"라고 말하는데, "잘 해야 인정해주지"라고 한다면 과연 아이가 부모의 사랑을 믿을 수 있을까?

정말 사랑한다면 상대의 방식대로 사랑해주어야 한다. 그것이 바로 존중이다. 아무리 '아' 다르고 '어' 다른 말투의 기술을 아이에게 적용한다 해도 그 속에 '사랑과 존중'이 없으면 반향 없는 메아리가 된다.

아이와 마주앉아 대화할 때, 때로 아이와 갈등이 있을 때, 자신을 돌아보자.

'나는 지금 아이가 원하는 방식으로 사랑하고 있는가?'
'나는 지금 아이를 존중하고 있는가?'

■ 독자 여러분의 소중한 원고를 기다립니다

메이트북스는 독자 여러분의 소중한 원고를 기다리고 있습니다. 집필을 끝냈거나 집필중인 원고가 있으신 분은 khg0109@hanmail.net으로 원고의 간단한 기획의도와 개요, 연락처 등과 함께 보내주시면 최대한 빨리 검토한 후에 연락드리겠습니다. 머뭇거리지 마시고 언제라도 메이트북스의 문을 두드리시면 반갑게 맞이하겠습니다.

■ 메이트북스 SNS는 보물창고입니다

메이트북스 홈페이지 www.matebooks.co.kr

책에 대한 칼럼 및 신간정보, 베스트셀러 및 스테디셀러 정보뿐만 아니라 저자의 인터뷰 및 책 소개 동영상을 보실 수 있습니다.

메이트북스 유튜브 bit.ly/2qXrcUb

활발하게 업로드되는 저자의 인터뷰, 책 소개 동영상을 통해 책에서는 접할 수 없었던 입체적인 정보들을 경험하실 수 있습니다.

메이트북스 블로그 blog.naver.com/1n1media

1분 전문가 칼럼, 화제의 책, 화제의 동영상 등 독자 여러분을 위해 다양한 콘텐츠를 매일 올리고 있습니다.

메이트북스 네이버 포스트 post.naver.com/1n1media

도서 내용을 재구성해 만든 블로그형, 카드뉴스형 포스트를 통해 유익하고 통찰력 있는 정보들을 경험하실 수 있습니다.

메이트북스 인스타그램 instagram.com/matebooks2

신간정보와 책 내용을 재구성한 카드뉴스, 동영상이 가득합니다. 각종 도서 이벤트들을 진행하니 많은 참여 바랍니다.

메이트북스 페이스북 facebook.com/matebooks

신간정보와 책 내용을 재구성한 카드뉴스, 동영상이 가득합니다. 팔로우를 하시면 편하게 글들을 받으실 수 있습니다.

STEP 1. 네이버 검색창 옆의 카메라 모양 아이콘을 누르세요.   STEP 2. 스마트렌즈를 통해 각 QR코드를 스캔하시면 됩니다. STEP 3. 팝업창을 누르시면 메이트북스의 SNS가 나옵니다.